走！去雜貨店買故事

博物館 X 高中協作的臺南地方學

謝仕淵 總策畫

三民書局

序1

館校共筆地方知識——從雜貨店買故事開始

臺南市政府文化局副局長　陳修程

臺南過去是座「三多」城市——糖多、古蹟多、美食多，然而大部分人可能不知道的是，臺南還有另一多——博物館多。臺南市內有著近六十間公、私立地方文化館，含括文史藝術、自然科學、產業、宗教及醫療等範疇，無論數量、類型在國內皆名列前茅。

作為臺灣最早開發的城市，臺南這片土地在時間的推移下，覆蓋著層層疊疊有形與無形文化資產，這些文化資產背後延伸出的是數不清的臺南故事，而談論各色主題的博物館恰是保存、訴說這些故事的平臺。隨著博物館越趨大眾化，僅產出、傳遞知識的功能已不足以回應當代社會的需求。文化局於二〇二〇年開始籌備鄭成功文物館轉型為臺南市立博物館時，格外重視公眾溝通，並以市民協作、共筆臺南史的想法作為經營理念，力求成為「一座屬於臺南人的博物館」。

為將理念落實為行動，重新開館的第一檔特展：《簝仔．雜貨．店》，展示內容基礎便是經由與各界社群協作踏查地方雜貨店而來。其中，高中師生是此行動的主要協作者，兩年多來，本局與國立成功大學歷史學系謝仕淵副教授計畫團隊和八所高中職合作，透過走訪學校所在行政區的雜貨店，與師生一同剖析既熟悉又陌生的地方，把觀察所得以微型策展形式呈現，博物館與「小眾」一起貼近「大眾」，讓少數人的發現被更多人看見，一同自造地方歷史；同時，在實踐理念、生成展覽之外，也讓師生發現新的學習途徑。此嘗試不單為南市博跨出轉型的第一步，也牽起博物館與學校跨界合作的開始。

計畫團隊設計讓不同條件的學生都能進到議題的工作方法，並串聯起兩個同樣具備教育功能的單位，一起建構出與生活最貼近的地方知識，一起認識臺南。「館」與「校」從協作策展找到一個表達、對話自身價值的好方法，就文化、教育各方面的發展來說都是重要的事情。

臺南不滿足於曾經的風華，於是臺南的博物館群梳理老故事的同時也挖掘新故事，本書為我們指出博物館談故事的新方向——好的故事不限於過去式，一個城市也不僅只有一種面貌。

二〇二四年即將迎來臺南四百年，對於臺南來說是一個梳理過往，思考未來的關鍵時刻，身為臺南人，樂見更多人看見臺南的美好，也衷心期待這樣的方式可以在臺南以外的許多地方被嘗試、實踐，相信本書將會是最好的指南！

序2

跨界的共鳴——館校合作讓學習沒有極限

臺南市政府教育局長 鄭新輝

一〇八課綱講究學生自主學習、素養能力的培養，不僅為學生、家長注入新觀念，也考驗著教師消化、適應課程的能力——亦即融會貫通、適性揚才、尊重多元、在地化、國際化等各種願景，並施展於教學的能力。臺南是座文化底蘊深厚的城市，好的教學材料俯拾即是，然如何善用便是一門學問。

適逢臺南四百年（二〇二四年）到來，身為全臺首學的城市，教育底蘊的展現是各級教育者需思考、回應的課題。此時，臺南市立博物館發起「臺南籤仔店專題」協作行動，市內多所高中師生皆參與其中，以博物館的展示為工具，達到教學、學習、實作的效果，為教學開闢了嶄新的道路。

引導學生關心地方及全球議題是發展許久的教學重點，兩者看似相反，實則相輔相成。現今為地球村時代，人群、資源在各國間頻繁流動，在地，早已不限於土生土長，因此在地課程要具有國際思維，方能接軌世界。臺南自古以來便滋養著許多族群，至今，仍有國際移工、外籍眷屬、其他縣市移入者，持續在臺南互動、生活著，這樣的多元在地性，於「臺南籤仔店專題」成果即可看到臺南各區族群、商品的變遷。

協作行動以雜貨店作為認識地方的入口，一起蒐集地方記憶、了解地方的多元性。學生從提問、認識、解答到提出見解、轉譯成展，過程中不僅連結學科知識，更培養了獨立思考、傾聽和溝通的能力，印證了學習不限於知識，不止於學校，終生學習更不是代名詞。經由館、校跨界合作的嘗試，讓不同的教育方法互相交融，並透過展示來具體呈現地方故事，在訴說地方的同時，也告訴大家我們是誰、認識自己是誰。

兩年多的時間，兩百多位高中師生的投入，兩個嘗試跨界的單位，和數不清的臺南故事均匯集於本書之中，相信這不單是一個行動的紀錄，也彰顯出學校教育在未來的無限可能。透過與博物館的合作，讓臺南的學校更站穩自身腳步、聚攏教育理念，那麼，一〇八課綱和臺南四百都不再是困擾，還能轉換為彰顯臺南教育軟實力的時機。

好奇臺南的校和館如何跨界嗎？好奇師生去雜貨店買了哪些故事嗎？跟著此書，您會找到一個好方法，重新思考學習、重新認識臺南！

序3
尋訪 kám-á 店、展望新臺南

國立臺灣歷史博物館館長　張隆志

這是一本有溫度的故事書！來自臺南的熱血高中職老師及青春洋溢的學生們，與大學、博物館及地方文史工作者們合作，一步一腳印地探訪老臺南的雜貨店故事，共同發掘故鄉豐富的人文歷史風貌。

這是一本有活力的訪談集！二十多位老師與兩百多位學生，花了兩年多時間調查了二十六間老雜貨店。除了訪談在地的生活文化，並將這項開創性的協作成果，轉化為博物館與教育現場的微展示活動。

這是一本有理想的行動方案！臺南各校的師生們將一〇八課綱自主學習、溝通互動與社會參與的重要理念化為具體的歷史田野的行動。在實踐中磨練各種核心素養能力，並透過共筆書寫與讀者分享。

這是一本新世代的成長紀錄！從在地商號歷史出發，新一代的臺南子弟走出同溫層與舒適圈，學習如何面對訪談的挑戰，並透過商品與顧客的動態調查，一起認識基層民眾的生活脈絡與時代變遷。

這是一本屬於大家的臺南人生命史！學生們走出教室、館員們走出博物館、學者們走出研究室、在跨界協作計畫中共同走入臺南各地的老店商號，在歷史田野現場中一起探訪民眾生活的真實脈動，在人與物的生命史故事中，重新理解地方文化的豐富意義，分析社經網絡的深層影響，並思考未來故鄉的嶄新風貌。

作為大家的博物館，國立臺灣歷史博物館奠基於臺江、紮根於臺南已經十年之久。在二〇二一年升格為三級機構後，同仁們正努力透過典藏的活化、研究的精進、展示的創新、數位的應用，尤其是各類型教育推廣方案的推動，與觀眾讀者們攜手前進，讓世界看到臺灣的溫暖與美好的文化軟實力。很高興能提前拜讀這本精彩動人的歷史協作共筆作品，讓我們一起尋訪 **kám-á** 店、展望新臺南！

序4
認識我們的家園——博物館方法與協作的可能性

國立臺北藝術大學博物館研究所副教授兼所長　黃貞燕

解嚴後至今，基於對臺灣主體性的自覺，以地方歷史與文化為題、鼓勵草根發聲、增進地方認同為目的的國家政策接二連三登場，這類計畫使得官與民、專業者與社區雙方找到共同的施力點，重探與土地連結的地方學行動，如風起雲湧般席捲全島，成為解嚴後臺灣社會進程非常顯著的現象。解嚴後三十多年來，不管是主題、行動者、行動模式都有多元而豐富的進展，成為臺灣社會活力很重要的來源。

謝仕淵老師主持的臺南雜貨店協作型調查計畫，雖然是在前述大脈絡中登場的小計畫，但精彩無比、令人驚喜。整體來看，可以視為地方學領域的公民科學行動，而我認為，從以下四個切入點，能夠把這個計畫背後的核心論述與行動方法說明得更清楚。

首先，採用從雜貨店透視地方、一花一世界的全貌觀哲學。這個透過雜貨店找地方故事的計畫，整合了人類學全貌觀的觀看視野、文化地理學的場域(place)概念、物質文化的詮釋角度，以及口述歷史與性別意識的多元觀點敘事。透過跨領域而多元的切入點，一個個雜貨店的所在地、招牌與店名、商品與需求、買與賣的社會關係、製造與販售網絡、消費與生活等等，都成了可窺見一個地方社會結構與生活樣貌的材料。

其次，發揮博物館方法與協作策略。以前述透視雜貨店的架構，擬定了從調查研究到展示溝通的操作方法，成為短短兩年間連結兩百多名高中師生、調查二十六間雜貨店，可以分頭行動、建構共同產出的基礎。從調查、收集資料到詮釋再現，結構性的知識產出與分享的行動藍圖，正是博物館方法特質的反映。

再者，整個計畫既是調查研究、也是體驗教育。有幾個理由，讓這個計畫既是調查研究，也是體驗教育。由於協作調查的模式，參與這個調查計畫的所有人，人人立場平等，被鼓勵自主發現、思考與敘事；由於觀看與詮釋架構的設定，參與者透過雜貨店找到的不只是地方知識，更能在其中感受到人與社區、社群的內在連結，對於地方如何從內在產生動能，形成自己的紋理，有了不同的體會。

最後，這個計畫最棒的是，並不止於完成行動、還出版了這本書，讓前述的方法與策略可以通過行動者再次的反思與咀嚼，共同呈現知識產出以及不同立場參與者的回饋。這個出版，使得讀者們有一個好的思考與行動框架，讓地方的各種生活單元，都具有如此被透視與深度解讀的可能性，讓所有關懷家園與土地的人，都可以找到新的路徑。

前言——跨出博物館後的無限可能

謝仕淵

臺南市立博物館即將在二〇二三年轉型開館，這座有近百年傳統的博物館，在日治時期確定其基業的階段，幾位臺南的文史調查者，扮演了在地協力的關鍵角色。一個世紀之後，倡議協作的時代裡，博物館被鼓勵應積極回應社群合作、知識共構等價值。這本書就是關於二〇二〇年到二〇二二年這兩年多來，臺南的博物館與高中老師、學生們，如何以雜貨店調查為題，共同探究臺南各地豐富的歷史人文風貌。

兩年來，我們跟八所高中職[1]、二十五位教師以及兩百零四位學生，共同調查了十二區、二十六間雜貨店。協作策展的成果除了在鄭成功文

1 參與協作的學校有土城高中、永仁高中、南寧高中、善化高中、新化高中、新營高中、新豐高中、曾文農工等八所臺南高中職。

物館進行展示，也曾在臺南市博物館逛大街活動及教育博覽會中亮相。這項行動的調查成果，最後有個目標，希望臺南市博物館開館後，第一檔特展就以高中師生協作的臺南雜貨店為題。我們在後續另一項歷史文物的微型展示協作計畫中，又跟臺南二中、臺南女中等學校合作。

經由協作行動完成的展覽，預期可為博物館知識帶來更為民主化與開放性的精神，進而使博物館成為具有溝通能力的社會平臺。對於臺南的博物館而言，經由協作行動促成博物館的轉型，讓過去慣於以豐富的歷史文化資產為傲的臺南，也能透過更為精進的博物館技術，邀集學生參與共筆，書寫臺南。這項行動，是臺南博物館在追求不同的典範與創新實踐技術的嘗試。

就學校而言，一〇八課綱所揭示的教育理念，以自主行動、溝通互動、社會參與為核心素養面向，期望學生能開展系統思考、問題解決、表達溝通等能力的展現。於是在雜貨店調查活動中，我們擬定了一套理解的架構，設計了從研究調查到展示溝通的操作方法，再經由不同學科專長的老師引導，帶入了更進一步的探究。這項調查行動，使參與學生進入日常中經常被忽略的雜貨店，從生活中發現具體的議題，能讓議題具有切身性。

這樣的跨界嘗試很有意義，卻也不容易。由衷感謝過程中給予多方協助並親力參與的教師夥伴，因為他們的投入，不僅為博物館和學校帶來新的合作可能，更重要的是提供學生探索地方、挖掘生活、關心社會的途徑，讓一〇八課綱的理念於教育現場扎根、萌芽。夥伴中尤其得力於蘇瑛慧、汪雪憬、莊婉瑩、蔡佳燕、許孟怡、陳鈺昇、王煜榕、林美玲、李尉爭等人於資源串接和行政庶務的幫助，才使得協作能持續推動，逐步加入更多地方夥伴，一起從在地的雜貨店認識臺南的生活文化。

而我們對於雜貨店的調查，不是為了哀悼曾經風光的雜貨店，也不是一場懷舊記憶之旅。相反地，我們認為雜貨店是社區社會經濟發展的縮影，也認為雜貨店的營商技術，是一套平衡營利與照顧人情的實踐方法，更好奇於每一間還展現旺盛生命力的雜貨店，為何得以生存？這個問題的解答，有助於了解社區中仍尚存且最具活絡性的社經力量之所在，這會是社區再生的線索嗎？我們可以繼續追問。

換言之，這場由博物館與高中師生合作的調查行動，是一場釐清問題、系統化問題，進而解決問題的探索行動。這本書，記錄了這段過程中，我們對於雜貨店的再認識、具地方學概念的調查方法，乃至於參與者的心得。期待這本書能提供一個可行的參照，讓這些行動，不僅在臺南，也能在全臺灣各地開展。

目次

序1／館校共筆地方知識——從雜貨店買故事開始　陳修程　1

序2／跨界的共鳴——館校合作讓學習沒有極限　鄭新輝　4

序3／尋訪 kám-á 店、展望新臺南　張隆志　7

序4／認識我們的家園——博物館方法與協作的可能性　黃貞燕　10

前言——跨出博物館後的無限可能　謝仕淵　1

買賣間藏著的地方學 1

非關舊時光，雜貨店是認識臺灣的窗口　謝仕淵　2

「看看」招牌怎麼說　黃美惠　12

店裡的女人們　謝仕淵　18

經營的不只是生意，更是生活！　洪綉雅　28

服務地方的雜貨店家族　洪綉雅　40

與地方大有關係的小眾商品　黃美惠　54

透過買賣縮短的距離——雜貨店的全球在地化　黃美惠　66

夾縫中的雜貨店——在政府法律、日常慣習與生存法則之間　謝仕淵　82

走進店裡 93
收藏眷村記憶的立強商號 蔡佳燕 96
由家撐起的振旭商號 黃美惠 104
飄著中藥香的仁安堂 江旻蓉 122
多邊經營的和康行柑仔店 黃美惠 132
記憶舊地名的阿嬤柑仔店 吳昭彥 144
伴隨聚落作息的豐成商店 莊婉瑩 152
我們這樣認識地方 165
從「敢知」臺南到「籤知」臺南 黃美惠 166

跨界「實作」，尋獲一〇八課綱的課程意義　蘇瑛慧　186
「探究」地方的入口　汪雪憬　198
館校協作的「微學習」　許孟怡　214
開始認識地方的「自主學習」　林月娥　218
博物館x高中激發的「多元」觀點　陳鈺昇　222
「地歷」．地利．地力　陳宜君　228
意想不到的跨界組合！「國」x「術」x「館」　王煜榕、游薏雙　232
地方podcast，這集談談臺南雜貨店　黃美惠　238
圖片出處　248

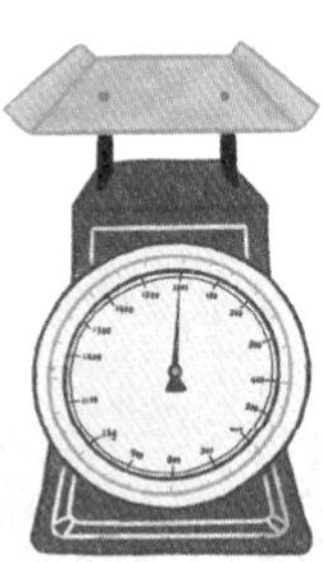

買賣間藏著的地方學

非關舊時光，雜貨店是認識臺灣的窗口

謝仕淵
國立成功大學歷史學系副教授暨公眾歷史與博物館研究室主持人

雜貨店，或稱籤仔店，往昔遍及臺灣各地，為提供販售日常民生用品的店鋪。雜貨店通常是各種貨物在經歷上下游盤商之後，面對零售消費者前的最後一個節點。一般來說，清代時，就有專營對中國貿易的商號行郊，貨物進到臺灣後，先到類似今日中盤批發商的割店手上，然後才到販仔，再到需求更少量但商品項更多的雜貨店。雜貨店跟民眾的日常生活有關，除了滿足茶米油鹽等需求，也經常延伸出菸酒、玩具等嗜好物的販售。在人貨往來受到一定程度制約的社會中，民眾經由消費所填補的任何欲求，很大程度是依靠雜貨店來獲得滿足。

農業社會時期，種植不同作物的農人，常以竹器盛裝多餘的收成至村里中心進行交換。所用竹器為籤仔（臺語讀作 kám-á），為竹編的圓形盛盤，底部細密無縫，用於曝曬或風化食物。隨著商業漸興，商人將商品置於籤仔上販售，遂產生臺語俗稱的「籤仔店」一詞，後來衍變為同音異字的「柑仔店」。基於尊重，本書凡店家名稱作「柑」仔店，則以原用字呈現。本圖為二〇二〇年踏查後壁區雜貨店時，受訪的殷金輝老闆因應當地的老街社造行動，於其店「古早味柑仔店」內備置籤仔，以便向外地客解說籤仔店的由來

然而在現代，與今日不過就是一個世代、三十年的差距，我們的購物習慣已有了大幅改變，特別是在都市。一九九〇年代之後，應有盡有的購物超市與營業二十四小時的超商，對傳統貼近於社區的雜貨店造成重大打擊。就曾有高雄市議員質詢市長，指出大型超市一間間核准，成立後那零售性質的雜貨店該何去何從？

開間雜貨店，就可以養家活口，還可以供應小孩讀書長大的時代已經過去了，因此在現代許多人印象中，雜貨店好像是經歷不同風霜的生命，如同店內貨架上僅有兩、三樣貨品，表面還鋪上一層薄薄灰塵，也有還被擦得油亮的空蕩檜木貨架，見證著曾經的光輝，除此之外，還有那些跟著雜貨店一起變老的老闆們。關於雜貨店的故事，久遠地像是只屬於上個世紀的光輝，只存在於記憶中的老雜貨店，就快要成為歷史的一部分。

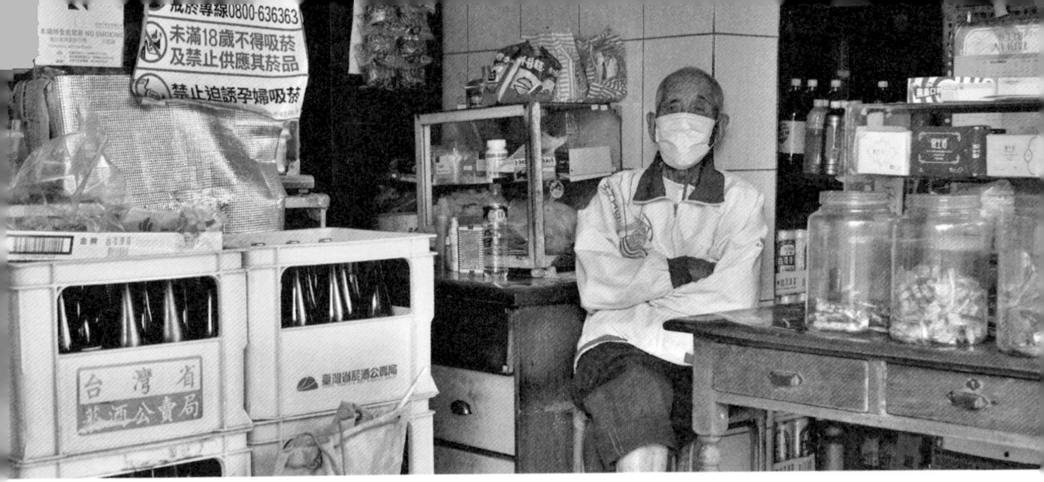
戒菸專線0800-636363
未滿18歲不得吸菸
及禁止供應其菸品
台灣省
菸酒公賣局
臺灣省菸酒公賣局

一匙靈
TAIWAN

CHILI SAUCE

但是，在兩年多的臺南雜貨店調查行動中，讓我們放棄了只是追尋記憶的觀看，而是重新理解雜貨店裡關於人群與貨物集散的各自邏輯，以及其中牽涉的社會系統的運作。雜貨店的貨物，經常反映了社區的社會經濟條件，乃至從消費習慣中看見的社群特色，例如在靠海的臺南南區灣裡，雜貨店裡不僅有農人常用的斗笠，還有縫補漁網的工具，農、漁業並存的特色表露無遺。或者也在人口高齡化社區的雜貨店中，看見已放置許久卻無人問津的學童文具用品，仔細一問，才知道二十年前，村裡孩子多，文具是經常性銷售品。而在鹿耳門一帶，由於遍布許多內海、潮溝與航道，因此附近的雜貨店經常販售釣具與漁網。

在雜貨店中，也經常看見即使是日常使用的醬油等調味料，與連鎖超市上架的品牌並不完全相同。如在新營看到雙雞辣椒醬，這是北臺南與南嘉義一帶在地的熱銷品牌，產地來自後壁，而同樣也是後壁生產的永興醬油，流通區域大多在新營周遭幾個區。過了曾文溪便少見永興，而多為生產基地在新化的東成醬油。這些在地好物，因負擔不起連鎖商店的上架費用，也多半沒有龐大的經濟利益發展出完整的經銷制度，如此限定於特定區域的販售網絡，反倒體現地產地消的原則。

地產地消的特色，表現得更顯著的是農產品，白河蓮子、鹽分地帶的蔥頭與大蒜，或是西港、安定、善化一帶，每年冬季當季產製的麻油，都可在當地的雜貨店

中販售，這些農產品或加工品，未必然經過政府的食品衛生管理制度，因此即使是產地內就有大型超市，這些在地好物也沒有機會成為架上的貨物，而雜貨店就是這些蓮子、麻油重要的棲身之地。

雜貨店調查啟動時，遭逢二〇二〇年新冠肺炎肆虐全球之際。原本全球化的貿易系統，調度了彼此依存的需求物資，造成各國專業生產的分工體系，如同臺灣種植黃豆不見效益，自然就以國外進口為主，使得各國國內豐富多樣的產業生態，自然被壓縮了生存空間。然而，新冠肺炎一起，或者出於預期心理，或者貿易網絡受阻，跨國貿易系統受到影響，往來貨物受阻，物資有匱乏之虞。地產地消微經濟系統的雜貨店，反倒體現了物產、人群與土地的關係，在疫情當下，足以讓人反思傳統生產與商業機能存續的必要。

另一種全球化現象下的雜貨店生態，則是臺灣各地的雜貨店，已發展出供應跨國移工生活所需的消費需求，年長的本國店東跟年輕的跨國移工，在雜貨店的交易場域中互動，比手畫腳可以克服語言隔閡，店內商品也能應付移工需求，那些來自印尼、菲律賓、越南與泰國的貨物，說明了社區內東南亞員工的來源。移工的需求，可以說是延續臺灣各地雜貨店經營生命的關鍵因素之一。

除了移工消費者，雜貨店必須尋求更多的生存空間。臺灣超商的密度全球數一數二，刻板印象中，總覺得雜貨店難敵超商，但超商是一門將本求利的生意，開店前的區位評估、設備投入都很慎重，這就有機會讓雜貨店依循著游擊戰的原則生存，可能是在超商未普及的鄉村，抑或是都市中的某一、兩條巷弄中，低成本、高齡者人力所構成的雜貨店，就在此間開展出交易的需求。而這些滋生於基層社會、依靠地緣關係所形成的消費需求，往往又以顧客與老闆間深厚的友誼為後盾，兩相加

20
星期六
大茂黑瓜

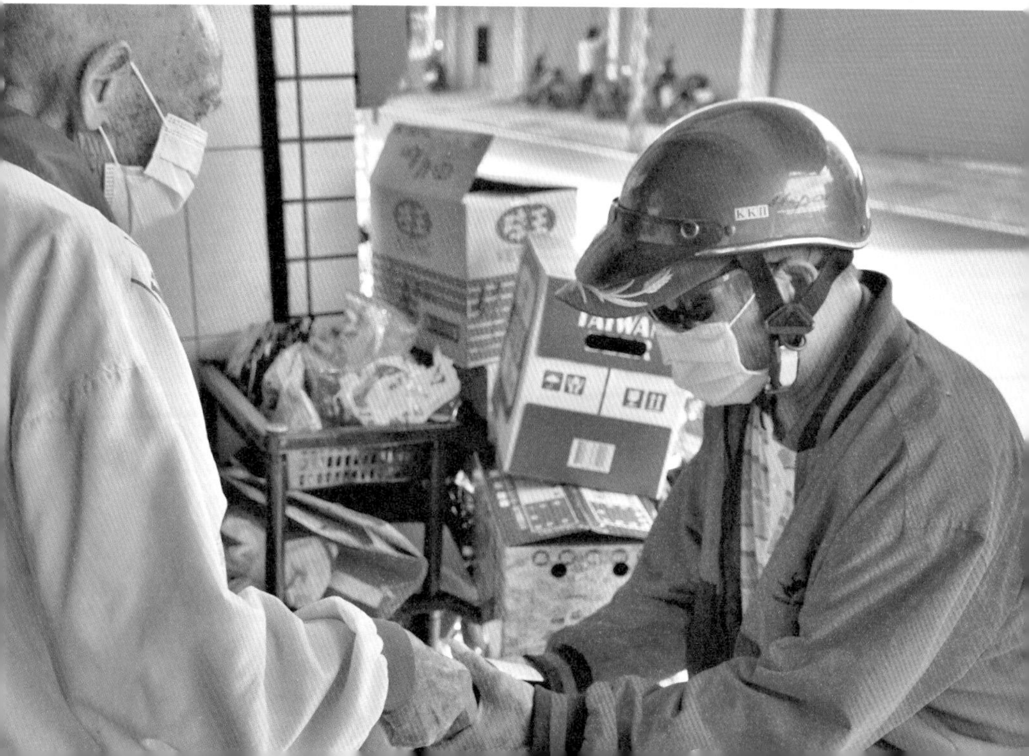

總，成為了雜貨店持續經營、展現韌性的關鍵因素。

二十一世紀之初，有人說雜貨店要走下歷史舞臺、成為文化資產了。但至今開展的雜貨店調查，其多樣性都還讓我們面臨如何取樣的選擇困難。適應於不同社區生態而生的雜貨店，有其可生存的條件，甚或可歸納出若干法則。

因此，雜貨店的故事，不是最後的回眸，也非關舊時光。雜貨店，是認識社區、瞭解人群的窗口，甚或給予當代社會必要的提醒，帶我們從基層社會運作的邏輯中，看見應時調整、靈活機動的的社會機制。那應該是，關於臺灣如何成為臺灣的故事。

「看看」招牌怎麼說

黃美惠
國立成功大學歷史學系
公眾歷史與博物館研究室
專案企劃

為迎合轉變不歇的消費型態，出現在臺灣社會幾百年的雜貨店與時俱進地調整著經營模式。而這種為適應社會所養成的韌性，其實從招牌上即可窺知一二。

隨著雜貨店的踏查行動，協作者們走進臺南各區的雜貨店。在街道巷弄中尋覓訪談對象時，遠遠可見的招牌不僅是吸引我們停下腳步的關鍵，也是對店家的第一印象。身為文化底蘊深厚，又不停跟進時代的古都，臺南的路上滿是歲月的痕跡，而或堆疊或稀落的招牌更是濃縮時光的時空膠囊。在方的、圓的、不規則的招牌中，有以手寫字、廣告字印刷、甚或木雕、銅刻呈現，從五彩繽紛到化繁為簡的美術設計，在在都反映不同時期的美感與商業策略。

細看臺南雜貨店的招牌，可發現店家的稱呼十分多樣，有「號」、「行」、「商號」、「商行」、「福利中心」、「便利商店」、「超級市場」等琳瑯滿目的類型，其中行、號為傳統商店的稱呼，福利中心、便利商店、超級市場則是新型的零售業。因此，單就稱呼類型的選定，即可見經營者對該店的定位和自我認同。

能彰顯定位的，還有寄寓店家期待的店名。在行銷至上的現代消費市場中，新店家除維持商品品質，還要有吸睛的裝潢設計和富有巧思的店名，方能於萬頭競爭下勉強殺出血路。相形之下，早期商家的營生術顯得單純，以薄利多銷的雜貨店來說，銷售量即是獲利關鍵，店名常被寄予生意興隆的厚望，興、振、富、發等字尤為普遍，且招牌習慣將店家販售之物標示清楚，並常冠上大廠牌商標，以宣傳店內有售該品牌商

品，這對小本經營的雜貨店而言已是最經濟的宣傳利器。

一塊招牌，兼顧雜貨店的面子和裡子，從命名、定位到設計，最直接地訴說雜貨店的生存之道。來看看臺南雜貨店的招牌上，有哪些經營的祕密吧！

單就稱呼類型的選定，即可見經營者對該店的定位和自我認同。

中西區

興隆行

興隆行招牌上不僅羅列販售品項，更強調「自製自銷、批發零售」的經營特色。

新營區

振旭商號

新營區振旭商號的招牌除標有銷售品項，還印上知名廠牌味王的商標。

和康行柑仔店

學甲區

和康行柑仔店不僅明確定位自身為雜貨店，諧音「好康」（臺語：利多、甜頭）的店名更反映出該店做生意的原則：給客人最好康的！

長和商店

西港區

部分在地品牌會商借雜貨店家的招牌打廣告，如長和商店的招牌不僅標示自家販售品項，亦提供成記醬油宣傳。

歸仁區

祥發福利中心

南區

崖發超級市場

崖發超級市場的招牌上有味王、香富力等品牌商標及商品圖樣。

北區

豐誠號

官田區

總源便利商店

安平區

信德商行

店裡的女人們

女老闆——雜貨店八面玲瓏的靈魂人物

謝仕淵
國立成功大學歷史學系
副教授暨公眾歷史與
博物館研究室主持人

每間能持續經營的雜貨店，都善於應變時局，也熟知人性化銷售，而其中的關鍵，是許多雜貨店都有位堪稱最強CEO的女性老闆。這些雜貨店的女人們，用一生的時間，換來了一家的安定，她們在公、私之間，善於以俐落、清楚，又很能幫人留餘地的處事態度，尋求事業、鄰里與家庭等多邊關係的和諧。

臺南東區東菜市附近的「興隆行」專營花生的批發與零售，現任經營者高秀珠堪比大企業CEO，處事八面玲瓏，就是那種氣場大、能力強的女老闆。不過，女老闆通常很難為，其中難的就是要尊重另一半，早期我們經常稱女老闆為「老闆娘」，這是因丈夫而得名分的附屬角色，但老闆娘卻通常是整間雜貨店的靈魂人物。

傳統社會中「男主外，女主內」的性別分工認知，應用在雜貨店生意，男老闆通常都是做些「辦貨、送貨」等工作，而女老闆則是角色多重的管理者，監管全局，「從事店面陳列、庫存、現金財務流程、人員管理等管理工作。但是在角色扮演上，卻又有微妙的地方，在員工和外人跟前，老闆娘得尊重先生是主宰一切的老闆……。」[1]

1 涂淑芳，〈老闆娘一把罩〉，《聯合報》，一九九〇年七月七日，二十五版。

興隆行女老闆高秀珠

平衡多邊關係的經營術

我們認識一位在臺南北區經營雜貨店「豐誠號」的女老闆——鄭林阿雪，她不僅出馬競選並承接先生之前的里長職務，也很善於扮演尊重先生的角色。那天訪談時，年紀很大的里長伯播放了個人卡拉OK專輯：他自己做造型、找伴舞小姐與和音，唱了兩百多首歌。電視機裡赤裸上身、貼著紋身貼紙的里長伯唱著演歌風、江湖味的臺語歌，女老闆則是微笑以對地看待一切。而外頭，一個憨笑的年輕弟弟騎著腳踏車剛到，據說他每天都會來店裡唱歌，用著琅琅的聲音，唱著不屬於自己年代的〈木棉道〉。

我跟女老闆里長道別時，打從心底佩服她，能在社會打滾多年，照顧好雜貨店的生意，安頓家庭、尊重丈夫，還要處理街坊鄰居的需求。

有時會想，這樣的人生，是不是被雜貨店給耽誤了呢？

無需「專業」的經營心法最難

經營一間雜貨店，有非常瑣碎的事要照顧。一九七〇年代，有位女老闆自陳經營雜貨店「是種無需專業技能知識，人人都做得來的生意，賣的又是日常生活的必需品，（貨品）放久了也不易壞，所以不用擔心虧損。店面和住家如果連在一起，還能兼顧到家庭，因此開雜貨店的人很多，一條街上常有三、四家，自然就因競爭對象多，利潤也都十分微薄。……」[2]

2 陳淑杏，〈抱著酒瓶猛簽名雜貨店的老闆娘〉，《聯合報》，一九七八年三月三十一日，九版。

以感激之心奉獻社區
以感恩之心服務鄰里
以誠懇之心再造重興
為重興打拼爭取里民的福利
再重新爭取經費開闢空地建設公園
清除環境衛生再造一個健康重興里
敬請惠賜神聖一票
拜託!謝謝!
1
北區重興里
里長候選人
鄭林阿雪
地址:開南街143巷10弄4號
電話:2355119 手機0929888729
本行第1120期
增加獎
售出
097483
中獎人致贈
本行第1095期
售出第一特獎
240480
好運獎券行
里長的柑仔店
恭禧發財

鄭林阿雪與先生共同經營的豐誠號又被稱為「里長的柑仔店」

對自家商品品質有信心的鄭林阿雪

除此之外，經營雜貨店最困難的是「店裡賣的東西太多太雜，幾乎無所不包。一開始我根本記不得這麼多商品的價格，於是不得不拿出在學校裡考試時的本領——死背」。其次，「最苦的莫過於雜貨店的營業，非但沒有休假日，且一天二十四小時除睡眠外，都會有人上門來購物，早上至中午買菸和雜貨的人較多，中、晚兩餐的時候全賣些味精、醬油等廚房用物，晚上則是賣醉的時間，只要有人醉興一起，半夜裡照樣來叫門，為了顧客的方便，不免會有情緒上的厭煩。我幾乎是經年累月足不出戶，……」[3]而她們都還撥出時間處理家務、照顧兒女。

3　同註2。

從少女變成阿嬤，她都是雜貨店的女當家

「錦源商號」的阿嬤陳硯，就是一位守候在店裡一輩子的女老闆，但她的人生經歷豐富，從躲二戰空襲開始，到在海邊撿拾赤嘴仔以度過物資匱乏的日子，幼時更是吃著長蟲過期的牛奶餅長大。女老闆在還不是阿嬤的少女時代，家中就經營雜貨店，陳硯自小在家裡顧店，父親便將店鋪傳承給她。婚後為補貼家用，她選擇繼續經營雜貨店。懷孕期間，先生正好在服兵役，她因為擔心坐月子時店裡貨源缺乏，竟在臨盆前十天，一個人騎著武車（載貨車）去臺南市區買貨、載貨。這些不平凡的生命經驗令我們連連驚呼，對她來說卻是漫漫人

生裡的日常，而度日子的技巧不過是本能，包含無師自通的經營心法。

她能明辨熟客的需求，客人進門，經常話都不必說，一場交易就能銀貨兩訖。她更能輕易地識破那些順手牽羊、詐術拐騙的手法。關於市場動向、消費喜好、產品區隔等事，她也都有一套應對方式。是這些俐落的經營能力，讓她經歷了一條街上好幾家雜貨店的競爭，最終仍能屹立不搖的原因。

她談起經營雜貨店超過一甲子的時間，認為那只是一件微不足道，為了生存別無選擇的路。她說自己沒讀書不識字，但手裡卻能邊比劃、邊寫出已過世的先生的名字。她一直自謙不擅言詞，沒什麼好談的，但採訪時卻特地穿了漂亮的衣服，臉上還多了一點淡妝。

錦源商號的店名，其實是取自先生的名字，營利事業登記中的負責人，則是她的大兒子，但土城人都稱這家店是「阿硯的店」。

阿硯，是阿嬤的名字。
關於雜貨店，本來就是女性當家的故事。

二〇二〇年第二次訪談時的陳硯阿嬤

經營的不只是生意，更是生活！

洪綉雅
成功大學歷史學系
碩士生

說到雜貨店與 7-11 最大的不同，你會聯想起什麼？是無所不能、無所不包，那超人般的店員，還是全年無休、二十四小時 always open 的經營策略？那麼，沒有二十四小時營業，商品和服務項目也無法與其相比的雜貨店，為何沒有因為超商的普及性而退場，還能夠以最低營運成本的優勢，存在於我們的生活之中呢？

在臺南北區與安南區的土城，我們看到兩家雜貨店，既是店面、也是住家，隨著店主一家人的生活節奏，每日開店、閉店。看似隨性輕鬆的經營型態，但卻肩負起「全村的希望」，在店家一家人身上，有著比 7-11 更積極的經營任務。許多地區要是少了一家這樣的店，早上五點鐘，天還沒亮就準備務農、上工的老人家，便得特地到一公里以外的7-11才能買瓶水或一包菸；一群愛相聚的老同學們，也就少了一個周末放鬆談心的地方。

雜貨店老闆的里長之路

歡迎來土城看夕陽，但請別稱呼雜貨店為「夕陽產業」，它們在這裡，是地方鄉親生活不可或缺的一塊，也是老闆中年返鄉後、第二人生生活的一部分！

臺南土城的「永津號」，是一家店面空間狹小的簡易型雜貨店。第三代老闆陳泰豐先生原任職於北部的貿易公司，幾年前回到家鄉，一方面是為了陪伴年邁的母親，另一方面是承繼母親放心不下的家族事業。

顧著生意不多的小店面，日子不慌也不忙，一席泡茶桌就擺在店門前，常常有三五好友、左右鄰居上門來泡茶聊天。某天，就在這張泡茶桌上，好友們慫恿他出馬參選里長。一番茶席間的聊天話，讓雜貨店老闆多了一個新身分，從此以後，掛在店門外的，不只是雜貨店招牌，還有「里長服務處」的牌子，泡茶桌也就更熱鬧了。

為自己而開的一家店

來到店裡的村民，找里長的次數多於購物，但雜貨店就不再重要嗎？或者，為何陳老闆不考慮結束雜貨店經營？對陳老闆而言，保留這家沒有利潤的小店面，是因為只要還有人需要，店就會一直開著。即使離村子不遠的土城市區已有超商和全聯進駐，但對於當地的長者而言，

永津號第三代經營者、沙崙里里長陳泰豐

永津號店內一隅

由左至右：陳泰豐、母親郭好（永津號第二代經營者）、女兒陳毓茹

向雜貨店「注文」[4]交代一聲，是長期以來的生活習慣，也方便許多。

陳老闆的女兒放學後騎著單車一回到村子，就常被熟識的老人家喚住，請她幫忙代送注文的商品來。範圍不大的沙崙里，村子裡最遠距離不超過一公里，但對於當地長者而言，永津號存在的意義，不是用店裡架上有多少種商品陳列來判斷，而是維繫在陳家三代人身上，無論是投入里長一職的陳老闆，或是隨時幫忙送貨的女兒，抑或是年邁卻仍心繫店內生意的老母親。

對於陳家人而言，雜貨店的營運

4　注文（tsù-bûn）：臺語，意為預定、預約、訂購，源自日語。

永津號曾有賒帳服務，買賣商品也買賣人情

已是其次，關不關店，也不是重點。重要的是他們一家人的生活節奏，如何對接上地方的需求，讓這些看似微不足道的「需求」能夠被滿足。

重新回到小時候成長的故鄉與老家，陳老闆以兩種身分展開第二個人生和「新事業」。無論是哪一種身分的他，展現的都是對地方、對鄉親的「服務」，不只是雜貨店老闆、也是地方的里長，我們在其中更可以看到第三種屬於他自己的身分——也就是退休回到家鄉生活的「自己」。

不只是里長、也是總鋪師，還開了間雜貨店的老闆

我們常常忘記雜貨店的店家也是生活在「地方」的當地人，他們的生活因為太緊密地與雜貨店綁在一起，看到他們，就等於看到他們背後的那一家店。但在臺南市北區的「豐誠號」，鄭瑞豐老闆就是將雜貨店生活，活出自己獨特風格的一位經營者。如同永津號，豐誠號也是以最低限度的規模在經營著。有趣的是，和店頭擺設的低調感形成對比，這裡是一家有賣高級海鮮乾貨干貝和鮑魚罐頭的雜貨店！

擁有超過五十年辦桌經驗的鄭老闆，退伍後就接下父親的事業，到退休時留藏了四十多本個人辦桌菜譜，記錄了臺灣辦桌食材的變化趨勢——一九七〇年代，海鮮開始成為臺灣人喜愛的高級食材，除了常見的全魚、蝦蟹類，耐存放的海鮮乾貨更是來自海外的高級貨。

說起鄭老闆開設雜貨店的原因，就不可不提辦桌師傅與雜貨店常見的共生關係。雜貨店與一般民眾的關係，大多建立在柴、米、油、鹽、醬、醋、茶的零售買賣，但對於一場動輒上百、甚至上千人的辦桌產業而言，所需的調味醬料、海鮮乾貨用量之大，可想而知，如何平衡成本與食材品質，則是一項挑戰。

「最頂級的」雜貨店

鄭老闆開雜貨店的原意，是為了降低外燴時大量叫貨的成本，也方便自己

筆者於二〇二一年四月初次訪問鄭瑞豐先生

出外燴時取用。但對雜貨店的顧客而言，有一位擅長處理美味料理的老闆，不但能買到最齊全的食材，有任何料理上的問題，還能向鄭老闆偷學幾招辦桌師傅的技巧。此外，店內販售的各種乾貨，例如辦桌常用的高級花菇、魷魚乾或是蝦米，因為自家辦桌用量大，商品流通速度快，新鮮掛保證。如果你需要，還可以在這裡買到出乎你意料之外的高單價商品——五千元的鮑魚罐頭。

來自墨西哥的鮑魚罐頭，從一九七〇年代一罐五百元，到如今是一罐五千元。鄭老闆說，早期辦桌是一桌一罐鮑魚，後來價格不斷飆升，從切成塊、再切成薄片，到兩、三桌一起用一罐。現在則是即使有錢也很難買得到最頂級的「一頭鮑」，通常是在海鮮乾貨專賣店或是迪化街才看得到，但在臺南北區一家不起眼的雜貨店裡，卻被隨意堆置在架上的一角，說明了雜貨店經營者過去的工作身分。

鄭老闆的雜貨店，比起商店，更像是一間辦桌文化的展示館，店內的冷凍櫃打開滿是各種辦桌專用的食材，而坐在櫃檯上打盹的鄭老闆，便是最佳的「辦桌文化解說員」，不只是辦桌料理的技巧，在他身上還可以看到臺灣五十年來辦桌文化的變遷。雜貨店不僅為客人購買物品的場域，在鄭老闆的店裡，也是他展示五十年辦桌經驗的「個人生活博物館」。

上／鄭瑞豐先生留藏的手寫菜譜
下／鄭瑞豐先生經營辦桌事業時獲贈的匾額

用雜貨店「經營生活」的老闆們

沒有打卡鐘、沒有上下班之別，所有的「身分」，都是他們生活的一部分。陳泰豐老闆不吝嗇提供家門前的一點小空間，讓里民周末時聚會、聊天，將「人情」聚集在自己身邊，用治理鄉里的態度運籌「夕陽產業」與雜貨店門口的一塊小空地，雜貨店老闆「跨界」里長工作，這一步，咫尺之遙。

在不同的角色之間切換的鄭老闆，當客人要買瓶飲料、醬油時，就是一位雜貨店老闆；當客人有嫁女兒、娶媳婦的需求時，又成了一位辦桌師傅；同時也是地方里長的他，可能在封肉滷到一半時，拿著忘記放下的鍋鏟，以里長身分被邀請上臺祝福新人呢！

服務地方的雜貨店家族

洪綉雅
成功大學歷史學系碩士生

經常在偏鄉、郊區跑動的營造業界，流傳著一種說法：「要是在山裡迷了路，只要跟著電線桿走，就會正確找到鬧區的方向。」這段話改成雜貨店版本，就會是：「想要認識一個村子，只要找到雜貨店就對了！」

隨著走訪的腳步進到臺南的淺山地區，楠西、南化一帶，兩地人口數加總不到兩萬——實際居住人口可能少於半數。但這裡的雜貨店功能卻越形強大，隨著在地人的需求調整服務內容，是雜貨店最大的經營特色，也是認識地方最佳的入口。越是遙遠的雜貨店，故事越是精彩。地方需要什麼？這裡的人每天過著什麼樣的生活？雜貨店會毫無保留地告訴你一切。

位於臺南南化地區的春香購物商店

最遠的雜貨店　最厲害的女人們

臺南淺山地區，雖距離臺南市區也不過一小時多的車程，但對於生活在當地的鄉親而言，不可能為了買一瓶醬油、一包泡麵就特地前往市區採買。即使是已有超商進駐的南化區，街上仍保有數家開業已久的雜貨店。其中，「春香購物商店」的經營者——王能資女老闆，是從金門遠嫁到這裡的媳婦，對她而言，在臺南偏鄉經營一家曾是餅舖的雜貨店，是既陌生、又有點熟悉的生活。

嫁到夫家之前，她曾是金門軍中福利社

曾是軍中福利社之花的王能資女士

之花，因為認識了身為南化人的丈夫，她從金門人變成南化人。做起生意來動作俐落，除了看顧雜貨店生意，每到酬神祭祖的時候，街坊鄰居就會向她預定各種粿製品，這也是她展現習自婆婆傳統大灶炊粿技術的時機。

如何養成一名「雜貨店掌門人」？只要會叫貨、點貨或是收錢、算錢就可以嗎？不！身為一名掌門人，尤其是位在偏鄉雜貨店的女性掌門人，因為交通位置的不便利，要有更強的能力來回應鄉親的各種需求。

從婆婆到媳婦的一口灶

從媳婦身分晉升為一家店的掌門人，要擔負起滿足鄉親不同的日常需求，不只要進貨、叫貨，維持雜貨店的日常營運，還要在特定的歲時節慶期間，展現店裡兩代傳承的米粿製作技術。春香購物商店的前身是一家傳統漢餅鋪，公公年邁後就不再製作漢餅。雖然漢餅鋪結束營業了，但當地人因信仰而起的各種傳統祭品，卻仍需被滿足。雜貨店後方除了是自家廚房空間，還有一口紅磚大灶，專門用來處理各種手工米食的製作，例如花生鹹粿、黑糖甜粿。

炊粿的同時又要兼顧前場雜貨店的生意，米漿的處理一刻不能等，倒入新鮮花生，把握時間和水的比例、攪拌，將米漿舀入模型中。這些連續動作，她做來順手，但早年婆婆教她的時候，大灶不像現在已改用瓦斯爐方便，燒著柴火的灶若沒有婆媳倆同時顧場，是無法又掌握火候又處理米漿的。

每到特定節日，春香商號以大灶製作的花生鹹粿深受當地鄉親喜愛。這類商品在都市大多來自於自動化生產線，稱不上好吃與否，常常在祭拜過後落入被丟進冰箱的命運。我們或許可解釋為「因為飲食習慣改變或現代人外食比例高」，傳統糕餅或粿製品不再受青睞，但有沒有可能，是因為工廠大量生產的食品早已是被調整過後的比例，雖有著熟悉的外型，卻不再能誘發人們想要吃上一口的欲望？

王能資以大灶製粿

春香餅舖舊照

既傳統又創新的一口粿

女老闆製作的花生鹹粿，剛出爐時米香裡帶著一股花生的香甜氣味，卻看不到花生的蹤影。這位女老闆告訴我們，新鮮出爐、放涼的鹹粿不用沾醬就十分美味，而裡面卻只有鹽、花生和米漿三種食材，越是簡單，越是不容易。近年，炊粿工作落到她一人身上，便趁著廚房整修的機會將大灶改為瓦斯爐灶，便利的設備讓她省下顧柴火的工作，身手本來就俐落的她，一人便能完成所有製粿的一系列步驟。

有了當代便利的烹飪設備，讓她願意堅持著婆婆留下來的味道，我

們也才有機會認識到，傳統可以因為新工具的介入而有了延續的可能，但不變的始終是最關鍵的味道本身。在南化鄉間，即使街上已有連鎖超商，仍舊無法取代雜貨店和社區共享歲時節奏的特殊關係。春香購物商店後場牆壁上貼滿的預定單，不只是一筆筆的買賣交易，而是兩代婆媳之間傳統米食技藝的承接，也是一位來自金門的女老闆獲得南化鄉親認同手藝的最佳證明。

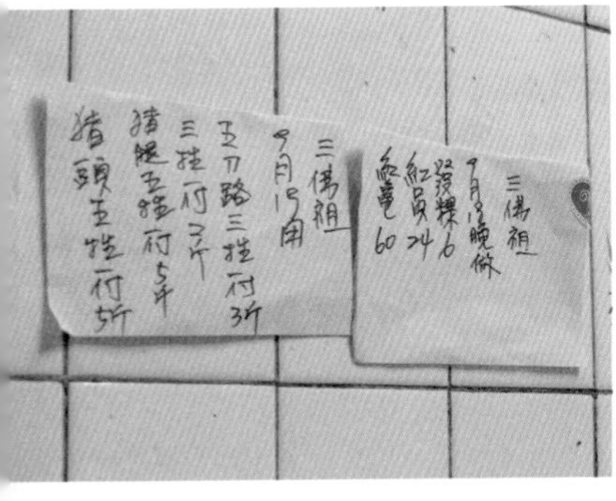

不只自產還自銷　女老闆的梅精

與楠西市區「新建興商店」的女老闆李邱麗玉的初相識，是青梅採收的季節，從雜貨店往西望去，就是以梅子雞聞名的「梅嶺」。先生的老家在梅嶺有一大片梅子園，而她擅長製作各種手工繁複的青梅加工品，其中一種是只要一小口，就會酸得你臉皺起來的「梅精」。李邱麗玉驕傲地說，會來跟她買梅精的都是熟客，「以前雜貨店對面興南客運站的司機們，都會買一瓶放車上，開車前吃上一小口就很提神！」來自老闆老家山嶺上的青梅，經過女老闆的加工製作，變成一罐罐司機大哥行車時的提神小祕密。

隨著興南客運轉運站結束營運，早已沒有站務人員或公車司機進駐，新建興商店「自產自銷」的梅精也因而失去了由公車司機所發展出的銷售網絡。在楠西土生土長的女老闆，早已習慣隨特定產業帶來人潮——也就是商機，又因產業結束、人潮散去，而導致商機消失的現象。

對一家規模不大的雜貨店而言，一九六〇年代因為曾文水庫興建，大量的工作人員與承包廠商進駐到楠西，突然增加的消費能量可想而知。當地還因此多了四、五家電影院，讓下班後的青年男女有約會、休閒的空間。但隨著水庫完工，這一波外來人口又一次性的全部離開，電影院也隨之結束營業，最後一家還沒拆除的戲院就位在雜貨店旁。女老闆回想當時戲院榮景，進場、散場的觀眾也會就近到店裡來買零食、飲料。

誰說「生意囝歹生」

家裡就是開雜貨店，小時候兄弟姊妹多，每一個小孩都要幫忙店裡工作。她最討厭的工作是幫客人裝煤油，早年賣煤油是一勺、一勺舀入瓶中，總是弄得滿手又黑又髒，小孩們只要遠遠地看到客人手上拿著瓶子走過來，就會一哄而散。她最喜歡的工作則是摺紙袋，她驕傲地說「我是所有小孩裡，摺得又快、又好看的！」結婚後，從小在雜貨店長大的她，還是選擇開設雜貨店，只是不賣煤油，也不摺紙袋了，而店就開在離娘家不遠處。

俗話說「生意囝歹生」，但他們一家人都喜歡做生意，五個小孩裡就有三個留在當地做生意。其中，二哥和她都開了雜貨店，這是協作行動的調查中，第一次遇見「家族連鎖型」的雜貨店案例。

上／新建興商店創始者李邱麗玉
下／五官和妹妹李邱麗玉神似、也經營雜貨店的邱俊成

說起到楠西密枝里這個「偏鄉中的偏鄉」開店原因，二哥邱俊成先生說，「我是被家族指派來這裡設店的！」密枝早期沒有商店，居民必須前往楠西市區採買，極不方便。在當時密枝鄉親的請託下，「雜貨店家族」也嗅到商機，決議推派二兒子到密枝擴點——設立現在的「珠梨商號」。這絕對是雜貨店史上精彩的一頁——雜貨店也可以開到變連鎖店！「是否有連鎖體系」或許不再是區分雜貨店和連鎖商的標準了。

無所不能、無所不包的服務項目

不再賣餅改製粿的南化春香商號，和因為密枝鄉親的請託而派出兒子移住當地展店的「雜貨店家族」，兩者都是因應鄉親特定時節或日常購物的各種需求，以家族內成員作為回應的方法，或是學著做粿、或是學著經營一家店。經營雜貨店的家族們，不斷地隨著時代變遷、因應購物習慣的改變，十分具有能動性地作為地方消費的重要場域。在臺南淺山鄉鎮，雜貨店被賦予更多的地方「期待」，與鄉親的互動關係，更不只是一包糖、一瓶醬油的買與賣，透過兩位女老闆的技藝，我們看見地方豐富的物產被轉化為長時間勞動者的提神小物；也讓我們認識，當地人如何重視以傳統口味的鹹粿敬天拜地的精神。無所不能、無所不包的，不是雜貨店本身，而是背後的經營者們。

與地方大有關係的小眾商品

認識地方，從買東西開始

黃美惠
國立成功大學歷史學系
公眾歷史與博物館研究室
專案企劃

認識一個地方的途徑有很多種，而購物是不容易被想見，卻很能看見地方真實樣貌的捷徑。

挑選、結帳，購物對現代人而言是輕而易舉的事，在網路和貨運發達的今日，更是動動手指就能輕易達成。高度分工的時代，人們透過交易各取所需。當運送時間縮短，貿易成本降低，商品們遠渡重洋，乘車、搭機、坐船，幾經轉折，千里迢迢而來的情況處處可見，生產、販賣、購買，一連串的過程彷彿自動化般存在於生活之中。而習慣全球化貿易帶來的便利後，我們卻反倒對於區域性「地產地消」[5]的供應感到陌生。

試想你身處的地方，盛產哪些農、漁產品？有什麼製造業？各行各業產出的商品又銷往何處？面對這些問題，許多人可能突然發現自己對居住地竟一知半解。想快速掌握地區產銷其實很簡單，只要走進雜貨店逛一圈，就能發現不曾認識卻運作已久的交易網絡。循著這些牽起買賣

5 關於地產地消的定義，據二〇一五年行政院農業委員會辦理的「農業地產地消國際研討會」討論結果，可歸納為：狹義如「農產品從生產端到消費者端所產生的運輸距離在幾公里之內或鄉鎮內所形成之飲食方式」，廣義如「該產品起源於一個特定的地方、區域、甚至國家，其品質主要來自其原有的自然與人文因素，且其生產的過程全部或至少某一生產階段在該地完成（不同程度將使用不同標章區隔）」。參自張大川，〈一〇四年度農業地產地消國際研討會成果〉，《農政與農情》第二七四期，二〇一五年四月。

雙方的線走向兩端，便是支撐起地方人生活的生產與需求。

由雜貨店輻射而出的地方產業鏈

踏著武車、三輪車或是騎著打檔車前往鄰近的市區批貨，是臺南許多七、八十歲的雜貨店老闆幾乎都經歷過的打拼歲月。安南、永康等地的店家往舊府城去，下營、官田等向較為繁華的麻豆聚集，位於縣市交界，距離市中心甚遠的關廟、南化、後壁等則習慣到距離更近的高雄或是嘉義。

在交通不便的年代，雜貨店經營者須自行尋找貨源批發，因此許多貨物來自當地或鄰近地區，而生產者也多優先以周邊零售店家為鋪貨點，久而久之便搭建起連結緊密的區域型銷售鏈。即便現今雜貨店多經由中盤商叫貨，店內充斥國內外的商品，然長期建立起的銷售鏈並未完全斷絕，仍可購得許多有別於連鎖商店、大型量販店的在地商品，開展出獨特的銷售通路。

為樹立品牌形象，連鎖店的經營模式具有一致性、系統性的特色，各地店家的店內陳設和商品項目彷彿複製貼上，雖然有助維持品質，卻也降低商品的多元性。相較之下，雜貨店的貨架顯得「活潑」許多。在臺南的雜貨店，你可以買到仁德區的酥炸粉、中西區的核桃酥、東區的香油、南區的五香粉、佳里區的魚罐頭、麻豆區的皮蛋、柳營區的麻荖、官田區的棉質工作手套等，來自臺南各區的小眾品牌商品。它們除了有令人詫異的數量，也提醒大家，其實臺南與多數的縣市相同，臨著海、靠著山、流著溪，也養著人，這座城市的運轉並不是只有小吃和古蹟那麼簡單。

由雜貨店販售的商品
可看見地方產業鏈

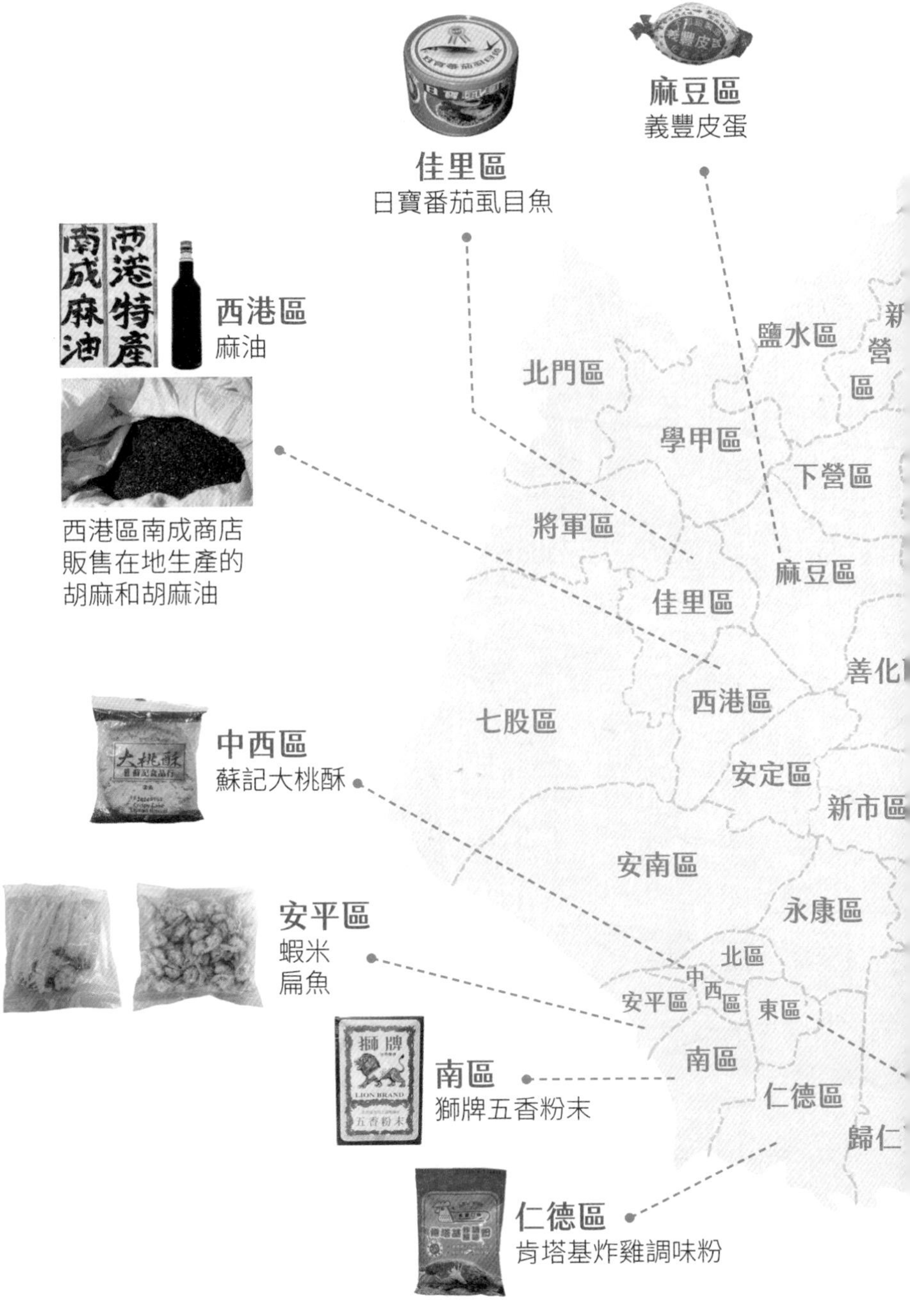
麻豆區
義豐皮蛋
佳里區
日寶番茄虱目魚
西港特產
南成麻油
西港區
麻油
西港區南成商店
販售在地生產的
胡麻和胡麻油
中西區
蘇記大桃酥
大桃酥
安平區
蝦米
扁魚
獅牌
LION BRAND
五香粉末
南區
獅牌五香粉末
仁德區
肯塔基炸雞調味粉
鹽水區
新營區
北門區
學甲區
下營區
將軍區
麻豆區
佳里區
善化
西港區
七股區
安定區
新市區
安南區
永康區
北區
中西區
安平區
東區
南區
仁德區
歸仁

不過，由另一個角度來說，它又可以很簡單——就生產和銷售的距離而言。從在地性強的雜貨店，能很輕易的掌握其所在區域的農產或漁獲，以及相應衍生的加工業。

臺南靠海的地區多以漁業、養殖業為生，使得雜貨店也頗有漁村風情：北門店家的冰櫃內擺滿當地養殖、加工的真空包虱目魚，安平的雜貨店則有漁人捕撈後加工的蝦米、扁魚。往山區走，到產梅的楠西區能在雜貨店看見梅子乾、梅子雞調味罐；以蓮花產業出名的白河，許多雜貨店販售蓮藕粉且不少是店家自製；而西港的胡麻產量大、品質好，除直接銷售，亦加工為麻油增加經濟效益，每到十一、十二月的胡麻產季，該區的雜貨店內幾乎都有寄賣或自產自銷的麻油。

而關廟則是挾著先天日照充足、地形合適，加上後天農產品改良技術成熟等優勢，一年四季出產各類品種的鳳梨，產量豐富到任意走入一間雜貨店便能買到手工釀製的鳳梨豆醬，有些店家門口甚至堆滿鳳梨，秤斤論價，並提供削果服務。說到關廟，名聞遐邇的關廟麵當然不會缺席。雖然關廟麵在臺南各處的雜貨店並不少見，但在關廟雜貨店內販售的關廟麵，可是象徵老闆的品味，幾家老字號的關廟麵各有擁護的店家。「差異是什麼？」他們也說不上來，「就是比較好吃啦！」成為他們堅持的理由。

想找臺南味的品牌？「醬」就對了！

或許是販賣的品項以食品類占大宗，也或許是身處於擁有厚實文化底蘊的古都，連「吃」也自有哲理，臺南的雜貨店老闆對商品的喜好尤其反映在食品上，對醬料更是有所堅持。

東區「新東榮商號」的郭秀英老闆，本身是「新高醬油」的愛用者，講起新高牌總是讚不絕口；北區「豐誠號」的鄭瑞豐老闆曾為總鋪師，料理時也偏好使用新高牌產品，因此開設雜貨店後醬料產品也以新高為主；新化「銘鴻商行」的林保全老闆說，雖然同是新化生產的「東成醬油」於近年來崛起，征服眾多臺南人的味蕾，也逐漸在外縣市打響知名度，但包含自己在內的老新化人，最習慣吃的是在地的老牌子「成功醬油」；後壁人則對產自後壁區的「永興醬油」情有獨鍾，也是菁寮「天紀商號」的黃正彥老闆夫婦最為推薦的醬油品牌。

目前雖然是大廠牌當道，臺南在地的醬料品牌依然眾多，而作為這些小眾醬油的主要通路，雜貨店不但助益地方產銷的多元並進，也是部分臺南人延續日常味的關鍵所在。

除了圖中四家由雜貨店老闆推薦的醬油品牌外，臺南還有眾多在地醬油品牌，各自有其擁護者，雜貨店則是這些在地品牌的主要通路。

後壁區天紀商號老闆推薦的永興醬油（產地為臺南市後壁區）

近年人氣漸漲，並在外縣市打響名號的東成醬油（產地為臺南市新化區）

東區新東榮商號老闆及北區豐誠號老闆推薦的新高醬油（產地為臺南市東區）

新化區銘鴻商號老闆推薦受新化在地人喜愛的成功醬油（產地為臺南市新化區）

臺南的雜貨店老闆有各自喜好的醬油品牌

包容小眾商品、貼近大眾生活的雜貨店是到達文化核心的捷徑

雜貨店的進貨不僅取決於老闆的市場嗅覺，更暗藏經營理念、甚至個人審美，造就各店各色的獨特景象，如此有個性的產業型態增添零售市場的多樣性，提供在地小眾品牌上架的機會。而商品的銷售不僅能反映人們的需求喜好，亦影響產業的發展方向，使得買賣不單純是一兩筆的交易行為，亦體現此地他方的生活面貌。有別於連鎖店著重獲取最大利潤，小本自營的雜貨店以滿足在地需求為經營要點，使得許多老雜因此成為該地幾代居民的生活見證者。

「到達一個文化的核心的最佳途徑之一就是通過它的肚子。」[6] 人類學家張光直確信飲食與文化有著密不可分的關係。若有機會走訪臺南三十七區，他或許會這麼說：「到達臺南文化核心的最佳途徑之一就是通過雜貨店——它牽動著地方產業、地方需求、地方飲食、地方生活，還有地方人。」

6 "one of the best ways of getting to a culture's heart would be through it's stomach." K. C. Chang,（張光直）, *Food in Chinese Culture: Anthropological and Historical Perspectives*, New Haven: Yale University Press 1977. 中譯內容：郭於華，〈關於「吃」的文化人類學思考——評尤金・安德森的《中國食物》〉，《民間文化論壇》，二〇〇六年第五期，頁 99–104。

透過買賣縮短的距離——雜貨店的全球在地化

黃美惠
國立成功大學歷史學系
公眾歷史與博物館研究室
專案企劃

若要為雜貨店下幾個關鍵字，在地、人情味、童年回憶、懷舊復古……想必是不少人腦海中立即浮現的選項吧！的確，這些大眾認知的典型特色時常體現於訪談雜貨店的過程中，但隨著我們的腳步踏遍臺南各地，這個老字號的產業卻總有令人驚奇的表現，尤其是因為與地方連結緊密而容易被忽略的全球化現象。

在近代交通及跨國企業急速發展之下，全球貿易的供應鏈逐步搭建，以至交織成網。當各地商品互通有無的難度和成本大幅降低，舶來品不知不覺充斥於生活裡，國際與在地的界線模糊，使得最日常的買賣行為就可以讓人瞬間接軌國際——即便是在非企業化的雜貨店也能輕易被架上來自各國的商品包圍，主責營運的老闆們彷若是運籌著國際商品村的村長。談起國內、外商品的流通，這些由實務經驗培訓而成的「村長們」可不輸給在電腦前蒐羅文獻、分析數據的專業學者。

跟著「村長」從商品看見雜貨店的全球化

雜貨店內「全球化」特質格外顯著的商品是食品原料，比如香菇，消費者多半在意價格、外觀，但其實市面上的香菇各有來頭：國產菇香氣足、日韓菇肉厚鮮美，越南菇雖價格便宜，卻容易混入來源不明的走私貨。需為村內成員把關的村長，過濾菇類來歷時不單靠眼睛分辨，還用手觸摸，甚或聞上一聞，產地、品質自然立判，這是多位老闆異口同

上／皺褶明顯、香氣足的臺灣菇
下／菇肉厚實、裂痕深淺不一的韓國花菇

聲傳授的審核密技。

另一個讓人印象深刻的是蒜頭，用途廣泛的它幾乎餐餐出現，但事實上，國內蒜頭是一年一產，產季約為三至四月，即便保存良好也僅能存放半年，因此冬天在市場上出現的蒜頭多仰賴南美洲及東南亞進口。對於將蒜頭作為辛香料的臺灣人而言，進口蒜的辛辣度稍嫌不足，吃起來就是差一味。道行淺的消費者難以從外觀區分二者，深諳差異的雜貨店老闆基於對品質的負責，總會善盡告知的義務，訪談時，好幾次聽到他們和客人強調：「現在只有進口的蒜頭喔！」隨意拿起一兩顆問及是哪裡進口？如何分辨？「村長們」像是忽然變身為分類帽[7]，目光輕輕掃過便精確的分析出哪顆來自印尼、哪顆來自阿根廷。這些他們可

7 為英國小說家J.K.羅琳代表作《哈利波特》中一頂具有魔力、能說話的巫師帽。故事中魔法學校「霍格華茲」的新生入學皆須戴上分類帽，而後分類帽會依學生特質分派至適合的學院。

圖為國產蒜。儘管進口蒜價格較低，但國產蒜較對臺灣人的味

能不曾到訪，甚或十分陌生的國家，就在一間雜貨店內透過買賣隔空交流，關於氣候、地形、農產特色，雜貨店老闆們都能侃侃而談。

從商品到消費者，全球化全面攻略雜貨店

在臺南的雜貨店，除了受到全球貿易影響而形成的商品全球化，還有因為社會結構改變而出現的消費者國際化情形。當經濟活動突破國界，人口的跨國流動日趨頻繁，自古以國際貿易為命脈的臺灣當然也不例外。近年移入境內的外籍人士以東南亞占多數，一九九〇年代起，或為移工來臺謀生，或為外籍配偶安家落戶，大批東南亞人成為臺灣的新住民。以臺南來說，二〇二二年的官方統計顯示東南亞籍人口約有七萬左右，占總人口數近４％，其中以越南最多，後依次為印尼、菲律賓、

泰國等。

來到陌生之境，即使適應水土亦難免眷戀故鄉，他們消解思念最直接的方式就是吃上一餐家常料理，有些手藝好的人更開起餐飲店販售家鄉味。要煮出記憶中的味道，道地的食材和調味料不可或缺，因此衍生出對東南亞商品的需求，而回應者不僅是連鎖賣場和專賣店，還有以貼合地方消費者為競爭優勢的雜貨店。

面臨便利商店、超市的來勢洶洶，雜貨店在鞏固舊有客群的同時，亦需挖掘新客源，方能在雜貨零售業占有一席之地，而經營「祥發福利中心」的蕭文焜，便在形形色色的顧客中嗅到東南亞商品的商機。祥發位於臺南歸仁區最重要的市場——歸仁市場，來往客群廣泛，曾有過一段門庭若市的興盛時期。當超商、賣場等新式的零售業出現，承繼家業的蕭文焜為跟上時代，而將店名改

為「福利中心」、提供購物籃，卻仍不敵同樣販售生鮮食品及日用品、但規模更大的全聯福利中心，生意因此大受影響。但是蕭老闆並未就此屈服，堅守著商品的品質，保持雜貨店秤斤計價的彈性，並思索如何與連鎖型賣店做出市場差別，後來他在來店為雇主購買商品的移工身上找到解決之法。

臺灣的東南亞移工可略分為製造業和看護業二類，歸仁市場位於歸仁中心地帶，周圍是商區和學區，

因此前來購物的移工主要從事看護工作，採買品項多是臺灣雇主需要的食材、日用品。「替人購物的他們，應該也有自己的消費需求，如果有，那會是什麼？」在習慣東南亞顧客來店內詢問商品的某天，這個念頭倏忽閃過蕭文焜的腦海。他開始向幾位常客市場調查，得到的回答都是：「若能販售原鄉的商品就太好了！」於是，他買了幾樣常見的東南亞商品，並聯繫商品背面標示的中盤商，嘗試引入陌生的異國商品。口耳相傳下，店內東南亞商品的銷路甚佳，而後依著消費需求逐步擴增品項，從調味料、食品、飲料、日用品到冷凍加工品，祥發應有盡有，如

今走入店內，迎面而來的是整個貨架的東南亞商品，數量約占總品項的三分之一，收益更高達店內營業額的二分之一。

一個突發奇想之所以能讓祥發迎來第二春，關鍵點在於用心了解這群新客人的蕭文焜老闆。店內的東南亞客人主要來自印尼，以伊斯蘭教徒居多，得知他們祈禱時需要念珠，蕭老闆便積極尋找貨源；移工平日忙於工作，不便辦理銀行事務，但他們的收入常是家中經濟來源，坊間有人便專門代辦匯款、存款，而善於掌握商機的蕭老闆也提供此服務，冰箱旁的小白板更新著每日的匯率；因為是外國人，移工們通訊大半使用漫遊，於是祥發櫃檯上多了一本厚厚的名片簿，裡頭有各家電信的電話卡和網路卡，任君挑選。

兩次的訪談過程中，時不時可見東南亞顧客走進祥發自若地購物，找不到商品時詢問老闆，他總能從店內拿出你需要的商品。為了與這些新客人溝「通」，他試著聽懂不是太標準的國、臺語，還自學一些印尼的常用語，店內舉目可見的印尼文商品標示大半都出自他之手。在蕭老闆身上，我們看見雜貨店與時變動的生命力，也意識到「舶來品在地化」的特殊現象，而當訪談的腳步行至白河和仁德，又尋獲另一種因東南亞新住民而產生的社會變遷。

上／用心了解消費者需求的蕭文焜老闆
下／蕭文焜老闆手寫的印尼文商品標示

在雜貨店中交流、融合的舊臺南與新臺南

在頗負盛名的白河木棉花道[8]附近開設著不少雜貨店，受到當地賞花觀光的影響，店家不是販售白河特產的蓮藕製品，就是販賣遮陽帽等旅客出遊所需的物品，其中，由第二代媳婦阮氏厚幼掌店的「阿匹婆商店」顯得與眾不同。來自越南的她與當地許多東南亞女性皆為外籍配偶，她們學習料理臺菜外，也把故鄉的料理端上餐桌。從自己的需求延伸為生意，阮氏厚幼接手雜貨店後，將東南亞常見的調味料、食材新增為販售品項，除了拓展商機，也與他店做出市場區別。看著架上國內商

8　臺南白河區盛產蓮花，歷來是賞蓮勝地，因此帶動蓮花、蓮藕相關產品的發展。二〇一五年，區內的「林初埤木棉花道」獲選全球十五條最美花海街道之一，每到花季時許多遊客慕名而來，將白河賞花觀光推向另一個高峰。

品與東南亞商品自然交錯的景象，彷彿象徵著不同文化融合後的和諧。

另一位來自越南的阮氏是「進隆商店」的第三代媳婦。阮氏是華僑出身，來臺前便可中、越雙語溝通，婚後不久即能與公婆、先生輪班顧

阮氏厚幼推薦越南當地最常見的魚露商品

阿匹婆商店內國內商品與東南亞商品交錯擺放

店，還多了招呼東南亞顧客的技能。因為她的加入，進隆商店開始販售東南亞商品，吸引附近的移工和外配前來消費，目前已是該店穩定的獲利來源之一。

訪談時，筆者不經意看見櫃檯前的商品架上貼著菜單，二代經營者王朝洋、劉淑夫婦說是阮氏早上會在店前擺起簡單的攤位，販售粥品及越南春捲。「她血液裡流著會料理的DNA啦！爸爸是總鋪師，哥哥也從事餐飲業，所以即便婚前沒有下過廚，對味道的敏感度就是與生俱來，不發揮多可惜！一開始她沒信心，但開賣後吃過的都誇獎，常常很快就賣

進隆商店第二代經營者王朝洋、劉淑夫婦

光了！」言談中兩人連連讚賞媳婦手藝了得，成功收服一家老小的胃，婆婆不僅欣然交接掌杓權，更鼓勵她發揮專長，這才有了販售早餐的嘗試。結合天賦和雜貨店的主場優勢，她用自家店裡的調味料讓原鄉味在仁德飄香。

從食品原料注意到雜貨店的國際化，又因著訪談祥發福利中心的經驗，我們開始關心雜貨店與新住民的互動，此後不斷在臺南各地的雜貨店發現這個令人驚訝的現象其實已是常態。而阿匹婆商店及進隆商店恰巧是踏查進入尾聲時訪談的店家，從商品到人群，雜貨店被忽略的全球化不知不覺中轉化成另一種在地化，在買與賣間，新臺南人和老臺南人交流著生活，傳遞著社會的變遷。

夾縫中的雜貨店——在政府法律、日常慣習與生存法則之間

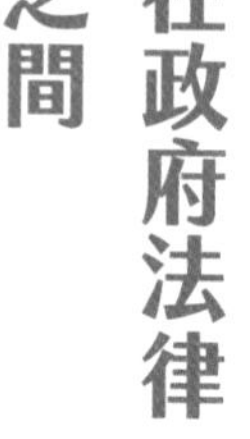

謝仕淵
國立成功大學歷史學系
副教授暨公眾歷史與
博物館研究室主持人

林立於全臺各地的雜貨店，流動於其間的人與貨，是開展交易、訊息匯集甚或體現鄉土人情的平臺，雜貨店與民眾的日常生活相依存，也跟臺灣社會變遷的軌跡互為表裡。

但，很多人都不知道雜貨店的故事，除了那些善於調度的經營者，每間雜貨店，都還受到國家各項制度的監管。政府與雜貨店間的關係，涉及國家財政的稅收乃至特許經營的公賣，關連物價平抑與社會穩定，或者國民健康衛生等問題。

例如現在還是雜貨店銷售主要商品的菸與酒，在戰後初期以來，就必須取得公賣局的零售商許可證與標幟，雜貨店需將許可證、標幟與定價表，懸掛在明顯位置，才能販售菸酒。雜貨店販賣這些商品甚至還被規範了佣金的比例，戰後初期迄至一九六〇年代，佣金比例從零售價格的15%，一直降到8%。雖然菸酒收益價格標

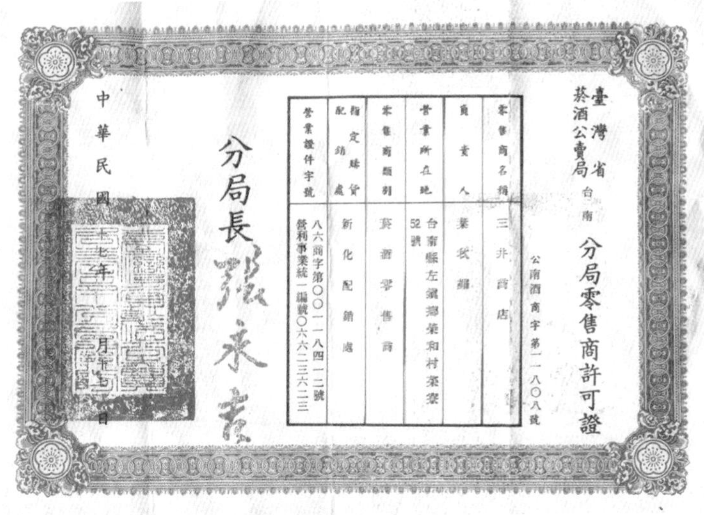

菸酒公賣局零售商許可證

準日降，但雜貨店還是一門好生意，因此，取得菸酒零售商資格的店家從一九四六年的七千零五十家，到一九九七年時，已接近七萬家。

在雜貨店還位居零售市場主流的年代裡，貨物囤積賺取價差曾是個重要議題。例如酒類就因臺灣加入國際貿易組織，需調整米酒稅率進而提升售價，為賺取價差，批發與零售業者因此囤積米酒，待調漲價格後再出售獲取更高利益。同樣受到健康捐[9]等法令的影響，香菸也有囤積

9 指菸品健康福利捐。為維護國民健康，我國於一九九七年開始施行「菸害防制法」，後擬藉由提高菸價來防治慢性病，二〇〇二年首度開徵菸品健康福利捐，一包菸課徵五元，現行課徵金額則為二〇〇九年所訂定：「紙菸每千支徵菸捐一千元」，換算後每包約徵二十元。所徵得稅捐依法用於醫療及菸品管理之用途，二〇一九年起，主要用於全民健康保險之安全準備、補助經濟困難者之保險費、罕見疾病之醫療費用、醫療資源缺乏地區、中央與地方社會福利及長期照顧資源發展，以及私劣菸品查緝及防制菸品稅捐逃漏等項目。

現象，也都是提升獲利思維下的行動。囤積貨物很容易造成民怨，因此政府每遇囤積事件，經常抓幾個中盤商與雜貨店等囤積者以示懲戒。

一九八〇年代開始，雜貨店之間不僅競爭激烈，也開始面對超市、量販業等新型態銷售業者影響，必須力求經營多元化以增加收入，於是少數經營者只好另謀出路，走上不法之途以維持生計，包含販

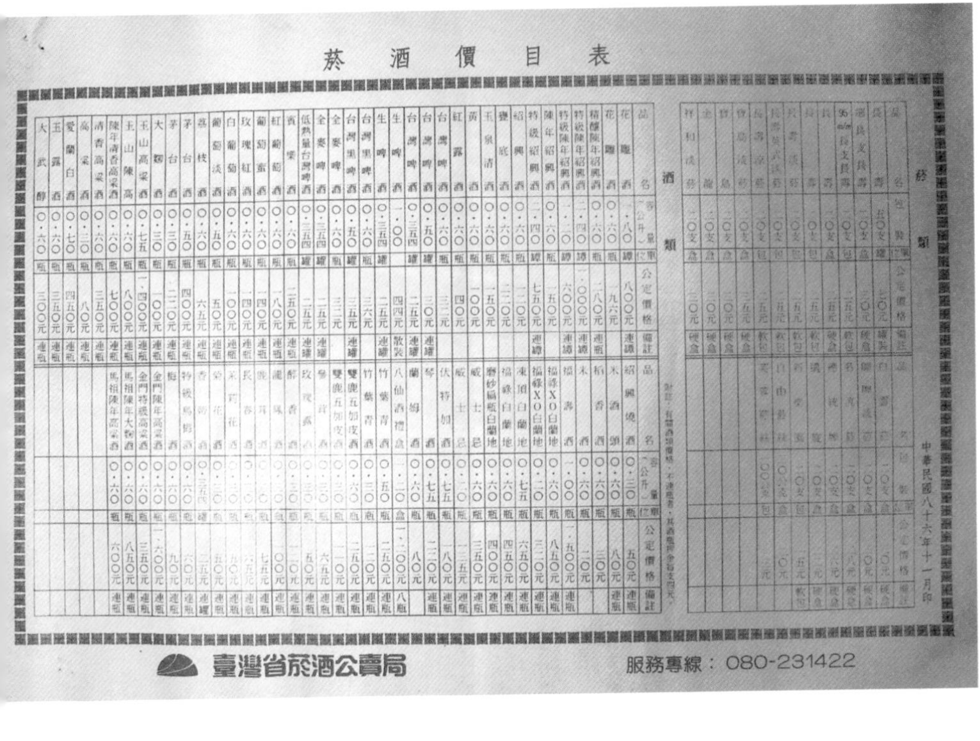

菸酒價目表

酒類

品名	容量（公升）	單位	公定價格	備註
花雕酒	一·八〇	罈	八〇〇元	連罈
花雕酒	〇·六〇	瓶	一九六元	
精釀陳年紹興酒	〇·六〇	瓶	二八〇元	連瓶
特級陳年紹興酒	二·四〇	罈	一、〇〇〇元	連罈
特級陳年紹興酒	一·二〇	罈	六〇〇元	連罈
陳年紹興酒	〇·六〇	瓶	一五〇元	
特級紹興酒	二·四〇	罈	七五〇元	連罈
紹興酒	〇·六〇	瓶	一二〇元	
甕底酒	〇·六〇	瓶	二二〇元	
玉泉清酒	〇·六〇	瓶	一五〇元	
黃酒	〇·六〇	瓶	一〇〇元	
紅露酒	〇·六〇	瓶	四〇元	
台灣啤酒	〇·六〇	瓶	三二元	
台灣啤酒	〇·五〇	罐	三〇元	連罐
台灣啤酒	〇·三五四	罐	二五元	連罐
生啤酒	一·〇〇		四四元	散裝
生啤酒	〇·三五四	罐	二五元	連罐
台灣黑啤酒	〇·六〇	瓶	三六元	
台灣黑啤酒	〇·五〇	罐	三五元	連罐
全麥啤酒	〇·六〇	瓶	三二元	
全麥啤酒	〇·三五四	罐	二五元	連罐
低熱量台灣啤酒	〇·三五四	罐	二五元	連罐
香檳酒	〇·六〇	瓶	二五〇元	連瓶
紅葡萄酒	〇·六〇	瓶	一八〇元	連瓶
葡萄蜜酒	〇·六〇	瓶	一四〇元	連瓶
玫瑰紅酒	〇·六〇	瓶	一四〇元	連瓶
白葡萄酒	〇·六〇	瓶	一〇〇元	連瓶
葡萄淡酒	〇·五〇	瓶	五〇元	連瓶
荔枝酒	〇·六〇	瓶	六五元	連瓶
茅台酒	〇·五〇	瓶	四〇〇元	連瓶
茅台酒	〇·三〇	瓶	二二〇元	連瓶
大麴酒	〇·三〇	瓶	一〇〇元	連瓶
玉山高粱酒	〇·七五	瓶	一、四〇〇元	連瓶
玉山陳高	〇·六〇	瓶	八〇〇元	連瓶
陳年清香高粱酒	〇·六〇	瓶	七〇〇元	連瓶
清香高粱酒	〇·六〇	瓶	三五〇元	連瓶
高粱酒	〇·三〇	瓶	八〇元	連瓶
愛蘭白酒	〇·七〇	瓶	四五〇元	連瓶
玉露酒	〇·六〇	瓶	三五〇元	連瓶
大武醇	〇·六〇	瓶	三〇〇元	連瓶

品名	容量（公升）	單位	公定價格	備註
紹興燒酒	〇·三〇	瓶	五〇元	連瓶
米酒頭	〇·六〇	瓶	八〇元	連瓶
稻香酒	〇·六〇	瓶	三〇元	
米酒	〇·六〇	瓶	二〇元	
福壽酒	一·〇〇	瓶	一、五〇〇元	連瓶
福祿XO白蘭地	〇·六〇	瓶	八五〇元	連瓶
福祿XO白蘭地	〇·二〇	瓶	三二〇元	連瓶
凍頂白蘭地	〇·七五	瓶	六五〇元	連瓶
福祿白蘭地	〇·六〇	瓶	四五〇元	連瓶
磨砂扁瓶白蘭地	〇·六〇	瓶	四〇〇元	連瓶
威士忌	〇·六〇	瓶	三五〇元	連瓶
威士忌	〇·二〇	瓶	一三五元	連瓶
伏特加酒	〇·七五	瓶	一八〇元	連瓶
琴酒	〇·七五	瓶	二二〇元	連瓶
蘭姆酒	〇·六〇	瓶	八〇元	
八仙酒禮盒	一·二〇	盒	一、二〇〇元	八瓶
竹葉青酒	〇·五〇	瓶	二五〇元	連瓶
竹葉青酒	〇·三〇	瓶	一二〇元	連瓶
雙鹿五加皮酒	〇·六〇	瓶	二五〇元	連瓶
雙鹿五加皮酒	〇·三〇	瓶	一一〇元	連瓶
蔘茸酒	〇·三〇	瓶	六五元	連瓶
玫瑰露酒	〇·三〇	瓶	五〇元	連瓶
醇香酒	〇·三〇	瓶	一二〇元	連瓶
龍[illegible]酒	〇·三〇	瓶	一〇〇元	連瓶
鹿茸酒	〇·三〇	瓶	七五元	連瓶
長春酒	〇·三〇	瓶	六五元	連瓶
茉莉花酒	〇·三〇	瓶	九〇元	連瓶
菊花酒	〇·三〇	瓶	五〇元	連瓶
香[illegible]酒	〇·三五四	罐	二五元	連罐
特級烏梅酒	〇·六〇	瓶	六〇元	連瓶
梅酒	〇·六〇	瓶	九〇元	連瓶
金門陳年高粱酒	〇·六〇	瓶	一、六〇〇元	連瓶
金門特級高粱酒	〇·六〇	瓶	三五〇元	連瓶
馬祖陳年大麴酒	〇·六〇	瓶	八五〇元	連瓶
馬祖陳年高粱酒	〇·六〇	瓶	六〇〇元	連瓶

附註：有關酒類價格，不連瓶者，其酒瓶押金每支四元。

菸類

品名	包裝	單位	公定價格	備註
長壽	五〇支	罐	[illegible]〇元	罐裝
[illegible]長支長壽	二〇支	盒	三〇元	硬盒
96m/m長支長壽	二〇支	包	二五元	軟包
長壽	二〇支	盒	二五元	硬盒
長壽	二〇支	包	二五元	軟包
長壽淡菸	二〇支	包	二五元	軟包
長壽[illegible]菸	二〇支	包	二五元	軟包
長壽涼菸	二〇支	包	二五元	軟包
寶島淡菸	二〇支	盒	三五元	硬盒
寶島	二〇支	盒	二〇元	硬盒
金龍	二〇支	盒	二〇元	硬盒
祥和淡菸	二〇支	盒	二〇元	硬盒

品名	包裝	單位	公定價格	備註
[illegible]	二〇支	盒	[illegible]〇元	硬盒
[illegible]	二〇支	盒	[illegible]〇元	硬盒
[illegible]	二〇支	盒	[illegible]元	硬盒
[illegible]	二〇支	盒	[illegible]元	硬盒
[illegible]	二〇支	盒	[illegible]元	硬盒
新[illegible]	二〇支	包	一五元	軟包
自由[illegible]	[illegible]	盒	[illegible]〇元	
[illegible]	[illegible]	包	[illegible]元	

中華民國八十六年十一月印

臺灣省菸酒公賣局　服務專線：080-231422

菸酒公賣局菸酒價目表

最早的菸酒牌為圓形鐵牌，後店家反映圓形鐵牌吊掛後受力不均，穿孔處容易斷裂，復更換為長方形鐵牌。雖然菸酒專賣制已廢除，少數雜貨店門前依然掛有菸酒牌，亦有許多店家收存著舊時的菸酒牌，記錄人與物一同走過的歲月。（圓形菸酒牌為臺南市南區進森發號留存，長方形菸酒牌則為中西區進富商行所有。）

賣走私菸酒、暗設賭場、博弈性電玩等，都曾讓雜貨店上過報紙社會版的版面。取締與規避之間，互相鬥智鬥法，例如，曾發生過警察取締電玩時，店家沒有為機臺插電，取締者自己插上的事件，於是引發沒有插電是否可定義為設置電玩的爭議。

曾為一時風潮的電玩，吸引許多學生將吃飯錢與零用錢貢獻其中，進而引發全

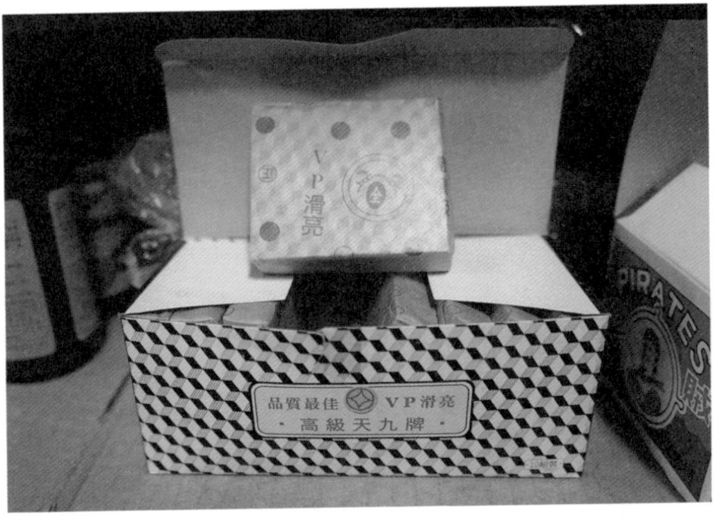

雜貨店所販售的娛樂用品中，有些是民眾小賭怡情的選擇，對許多中老年人來說，鄰里聚集雜貨店前切磋牌技的場景並不陌生

臺各地家長不滿的社會事件。最為極端的案例，是有位學生被父母差遣去雜貨店買東西，由於「雜貨店幾乎都有擺設電動玩具」，該名學生，「因為好奇，他也去玩了，結果被逮到警察局去」。電玩讓學生誤入歧途，更讓雜貨店背負指責。

除此之外，隨著國家對於食品衛生法規的制訂日益完備，食品標示需清楚寫明製作來源、原料與製作日期等訊息，但在雜貨店之中，則有許多消費者始終深信那些在地生產的食材與調味料才是道地好味，這些經常未分包、可五塊十元零售的商品，如豆醬、菜脯、豆腐乳等，便很難符合法律的要求。近年新冠肺炎盛行時，政府基於防疫考量，規定買賣

雞蛋只能以一次性的包裝販售，這讓習慣於喜歡逐個挑選雞蛋的消費者短時間不易接受。或者如保力達、維士比等指示用藥，早在規定只能在藥局與藥房中販售前，民間已很習慣在雜貨店或者檳榔攤取得此類商品。一九七〇年代以來，各種基於食品安全、藥品管理等法律，建立了生產與銷售的規範，雜貨店的銷售型態於是也不得不改變，或者在隱晦的空間地帶中，繼續提供消費者有需求的商品。

又如基於「兒童及少年福利與權益保障法」及「菸害防制法」，規定禁止販售菸酒給未成年者，但許多取締甚至測試結果顯示，雜貨店與檳榔攤經常違反相關規定。而其中存在的未成年者的辨識困難，乃至可能是由家中長輩指派購物的需求，都令此法在推行之初，延伸許多實務面的問題。

總之，每間雜貨店都有本難念的經，要能精準調度商品，也要有本

「菸害防制法」於一九九七年起施行，除了限制消費者身分，也禁止以海報、展示等方式促銷菸品，執行初期，不少習慣將菸品面向店外、手寫價錢的雜貨店家因此受罰，於是紛紛將菸品改為面向店內，甚或是遮蓋、收入櫃臺，價錢標示則盡量使用大小一致的字體，消除凸顯特定商品的疑慮。今日大眾雖皆有相關認知，仍有不少店內留有未成年者禁止購買菸品等警示標語，呈現夾在商機與政策中的雜貨店如何適應、生存的足跡。

不得購買煙.酒

VE WONG

吸菸有害健康
戒菸專線0800-636363
未滿18歲不得吸菸
及禁止供應其菸品

三得利
赤玉紅酒
TTL 臺灣菸酒股份有限公司
KENT
KENT

事按耐顧客，但大家都不知道，每間雜貨店都要辦理營業登記，而對於是否符合免用統一發票，不單是課稅與否的關鍵，更是稅捐機關與雜貨店鬥智鬥力的過程。雜貨店是許多國家管理制度施力的對象，他們因此善於如何應對國家制度。跟日常生活息息相關的雜貨店，其實是被置放於近代國家的監管系統下，反映了政府管理如何深入到基層社會的不同場域。

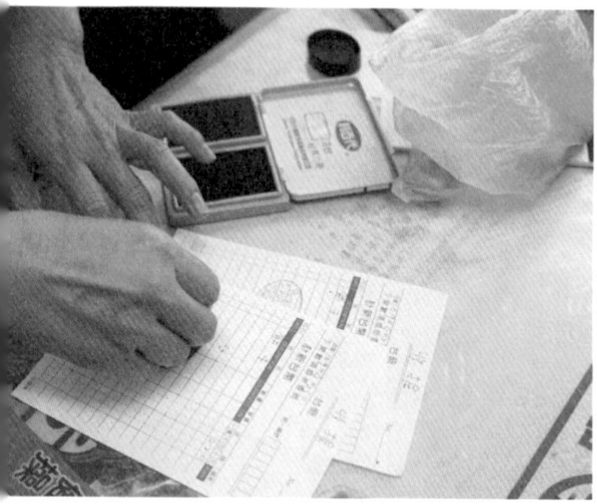

符合免用統一發票資格的店家可用開立收據減低報稅成本

走進店裡

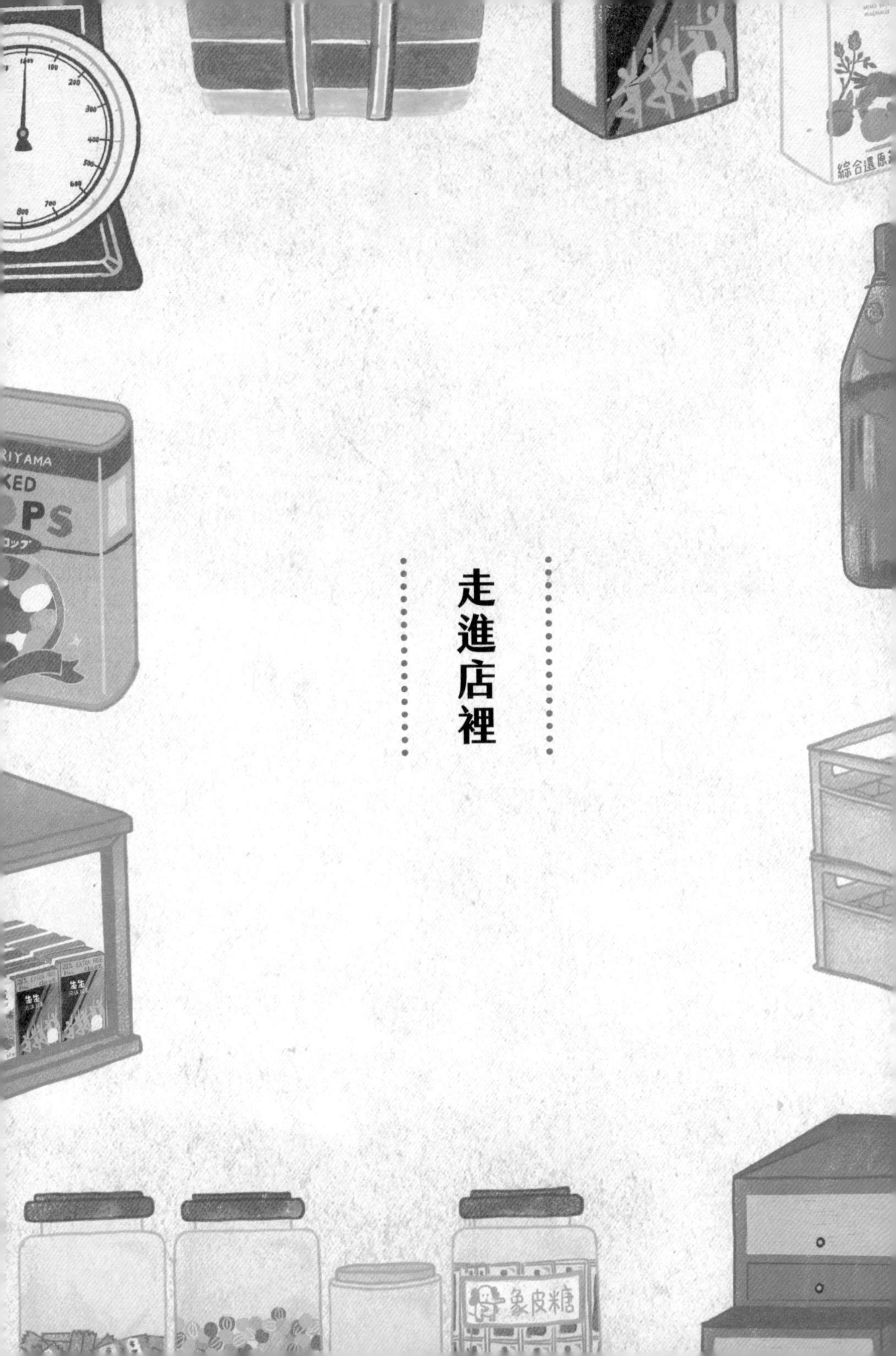

立強商號

黃美惠

絡繹不絕的車潮，比肩林立的建物，還有在路上走著，或騎腳踏車載孩子形形色色的人們，這是臺南人口數最多的行政區——永康。區內永仁高中一帶，因為曾為大面積的眷村，居住者眾多，而後隨著眷村拆遷，居民向外搬移，一戶戶蓋起的房子逐漸形成密密麻麻的巷弄，初次到訪的人很容易迷失其中，暈頭轉向得分不清東西南北。

彷如迷宮的住宅區安頓著許多家庭，也有著從很久之前就開始供應這些家庭日用品的雜貨店，比如立強商號。由於位處眷村，在過往十分重視愛國情懷的年代，每逢國定假日，立強商號內外必定插著大大小小的國旗。時過境遷，眷村拆了，人口流動，國旗輕輕飄揚的景象也不復見，但一樣的是，立強仍是鄰里滿足日常需求、聚會閒談的老地方。

店家檔案

店家位置：臺南市永康區

開業時間：約於一九七〇年代

現任老闆：陳春婷女士（第二代）

店家關鍵字：#眷村#自立自強#愛國色彩#手寫蛋價#郵票代售處

店家小祕密：其實雜貨店並非立強商號創始人蔡潮最初的創業選項，他原先是經營陽春麵店，後來才逐漸轉型開設雜貨店。而無論是麵店或雜貨店，都見證隨國軍來臺的軍人退伍後，如何在這處新家鄉落地、生根。

明星商品

小包裝點心麵

因位於住宅區內，除了購買菸酒的成年人，立強商號也有不少學生客群。立強商號特別為這群小客人開闢五元專區，主打散裝、價格實惠的小零食，當中以老牌的小包裝點心麵最獲喜愛。

小包裝點心麵

檸檬味岩鹽糖

同樣是小包裝、價格親民的零食，檸檬口味岩鹽糖是店內隱藏版的熱銷品，微鹹、微甜、微酸的滋味讓許多人一試成主顧。

檸檬味岩鹽糖

店家私推

身為立強商號的第三代，蔡汝芳和林佩臻從小在雜貨店的零食堆中長大，知會一聲，架上商品便任君挑選。已大學畢業的她們分別推薦帝王蟹風味造型餅及汽水糖，前者鹹度適中，分量又足，後者則是萬年不敗的經典口味。

收藏眷村記憶的立強商號

蔡佳燕
臺南市立永仁高級中學
歷史科教師

猶記兒時常跑雜貨店買零食、玩具，或幫媽媽買糖、醬油，又或是買文具、郵票、公車票，小小一間雜貨店，卻能滿足人們食、衣、住、行、育、樂各方面的需求，是記憶中很熟悉且重要的地方，但我卻從沒想過它可以是歷史研究的對象。

在臺南，若提到永康的永仁高中，很多人會聯想到眷村。永康區內的復興、建國、光復、復國、神洲、中興、成功等里都是舊時眷村名的遺留，而永仁高中正好位於此七里的中心位置，因此過去主要供眷村子弟就讀。隨著眷村陸續拆除、改建，師生多數已經很難想像學校周邊過往樣貌，任教多年的我原以為只剩下南瀛眷村文化館、復興老兵文化園區和每年元旦、國慶升旗及眷村美食節活動可以供人緬懷昔日榮景。沒想到參與此次踏查雜貨店的協作行動，得以與學生一同以新的視角，重新認識雜貨店、認識眷村。

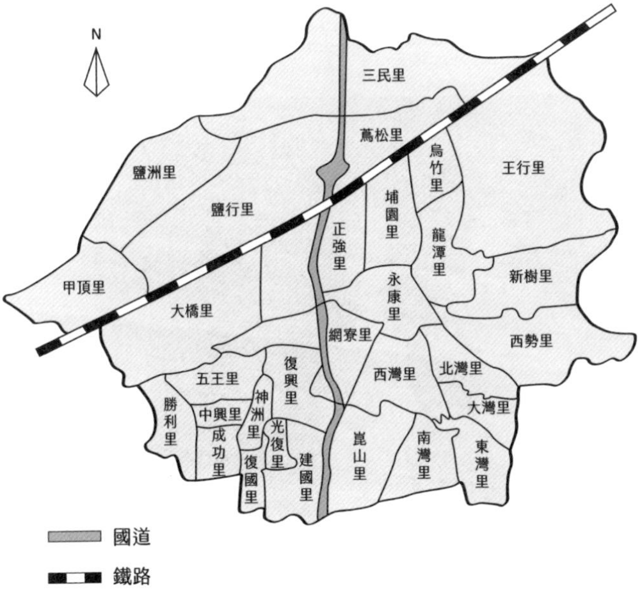

臺南市永康區行政區域圖

我們踏查的「立強商號」，第一代經營者蔡潮是名退役軍人（原籍浙江省諸暨縣），店名由兩個兒子的名字——「自立」、「自強」組合而成。該店位居眷村周圍，原是早上賣包子饅頭、中午賣陽春麵的飲食店，有了進貨麵粉、醬油調味料的經驗，之後轉為販售日用品的雜貨店。透過訪談，我們聽到第一代經營者因國共戰爭而隨軍隊來臺、住進眷村的故事，從老照片窺知該店

立強商號創始人蔡潮夫婦於店內合影

從早期平房到今日三層樓建築的發展，也從店名及店內可見的國旗與旗桿座蹤跡，重新回顧了眷村居民過去遷撤流離、反共愛國的大時代歷史，許多他們在艱難中求生存的各種努力，讓人為之動容。

聽著二代媳婦陳春婷娓娓談及店內的發展，其經營手法如設立郵筒服務、不記名的賒帳記錄等，均可見店家濃濃的人情味。店內販售品項的變化，則反映出居民消費習慣的改變深受時代變遷和交通發達影響。像是該店過去銷售大宗有：家庭用的分裝米與清潔用品、建築工人消暑必備的清涼飲料、小孩最愛的零食玩具、喜慶活動需要的菸酒等，但隨著區域道路的開通及便利商店、大賣場的出現，居民在飲料零食、真空包米等日用品的購買，有更多地點及促銷活動可以選擇，也影響到該店的銷售。雖然依著顧客消費需求做出挑選商品的改變，但不變的是，立強商號一直在鄰里間扮演重要的地方角色。在過去專賣時期，蔡潮的軍

最原初、仍為平房的立強商號，充分體現舊時眷村的建築特色

立強商號門外舊時曾掛有菸酒牌、郵筒、鹽牌等時代產物

立強商號留存的食鹽專賣鐵牌

立強商號留存的郵票代售處鐵牌

職文書經驗，使他諳於向公家申請販售食鹽、菸酒的資格，能提供地方居民就近購買。二代的陳春婷目前則是一邊經營雜貨店一邊擔任醫院志工，以自身照護長者經驗服務鄉里，像是為社區長者持續販售可作為稀飯配菜的罐頭，協助長者家人給予支援等。當垃圾車音樂響起，居民陸續拿著垃圾到店門前聚集，彼此見面寒暄，或是買瓶飲料在店門口坐下話家常，顯示該店迄今仍是地方居民重要的交流場所。

小時候因物質匱乏，最開心的事莫過於能拿著零用錢到雜貨店消費。隨著時間流轉，在這次踏查前已不復記得前次走進雜貨店是何時。透過對立強商號販售物品的觀察與經營史的訪談，我們發現一間小小的雜貨店竟是認識地方的重要入口，簡單的交易藏著店家回應居民需求的時代變遷，同時也促使我們展開對地方歷史的再認識，重新思考何謂地方，歷史為何。

振旭商號

黃美惠

位於北臺南的新營為舊臺南縣的行政中心，區內公共設施、學校、政府機關齊備，商業發達，交通亦便利，是周圍地區的政經中心。其市區主要的商圈之一，是由復興路和延平路交叉形成的三角圓環，除了圓環輻射出的街道上開設的各色商店，圓環旁的新營第一市場更是在地人日常購物的好去處。

第一市場在日治時期即具備市場雛型，雖然幾經整建，但市場多元的活力並未削弱，生鮮、小吃、衣鞋、日用品等應有盡有，小攤子、獨立店舖，任君挑選，能在此地站穩腳步的店家，想來定是不容小覷——比如屹立五十年仍抓緊大批顧客喜好的振旭商號，便是其一。在振旭的店裡，有著數不清的雜貨商品和熟知消費趨勢的老闆，以及新營人最日常、最真實的生活縮影。

店家檔案

店家位置：臺南市新營區

開業時間：約於一九七〇年代

現任老闆：鄭曾劉女士（第二代）

店家關鍵字：#市場 #店家合一 #女老闆 #全年無休 #三代接班

店家小祕密：多年前曾有位生面孔來到振旭商號，表示自己身體不適，需要賒帳看病，鄭老闆雖有顧慮仍慷慨借款。欠款金額至今仍留在店裡的賒帳黑板上，那位顧客卻不曾再登門，鄭老闆笑笑地表示開雜貨店不單是買賣商品，也需經營人情。

明星商品

炊粉

提到店內的長青暢銷商品，老闆夫婦雙雙選擇老牌炊粉，「因為好吃又便宜！要不是近年物價飛漲，這個米粉好多年都沒漲價呢！」說來簡單的原因，便是此品項在振旭熱賣三十餘年的公開祕訣。

龍眼木炭

振旭商號所販售的木炭由龍眼木燒製而成，燃燒時火力穩定，煙霧較不熏眼、嗆鼻，還帶有淡淡的果香，是老闆自豪的商品之一。

店家私推

現代社會與過往農村社會的生活形態迥異，尤其在城市地區，緊湊的生活步調沖淡各類節慶獨有的色彩，加上商業機制發達，不少過節才有的習俗，例如包粽子，平日皆可輕易達成，粽葉也因此成為振旭的常態商品。

炊粉

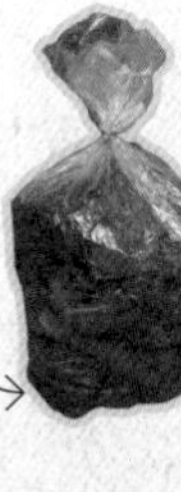

龍眼木炭

由家撐起的振旭商號

黃美惠
國立成功大學歷史學系
公眾歷史與博物館研究室
專案企劃

隨著微笑瞇起彎彎如月的雙眼，她以溫柔的聲音客氣地介紹著她的店——她的家，回想起初次見到鄭曾劉老闆的那天，影像彷彿還是那樣鮮明地在腦海裡浮現。

成為雜貨店的媳婦已經超過四十年，「一下就過去了呢！」拿著結婚當天在店前拍攝的結婚照，她笑著說。照片裡，她與丈夫並肩站著，笑臉盈盈的臉上有著新婚的喜悅，那時的她或許不曾想過，往後的歲月將與身後的店緊緊相依。四十年內，她為人妻、為人母，甚至已是幾個孫子的阿嬤，最小的兒子幾年前也成家了；四十年來，她從認識數不清的商品開始，熟記浮動的價錢、學會察言觀色招呼各式顧客，一步步從

振旭商號二代經營者鄭曾劉

助手到接掌雜貨店。

雜貨店是婆婆於一九七〇年代創立，另有他職的公公協助發想店名：「振旭」，意為「早起認真做生意」，因為店址設於新營第一市場內，跟著市場步調，振旭每天五、六點就拉起店門，早早開始做生意，但不同於其他攤商約莫中午便停止營業，該店直至晚上十點才打烊休息。對於如此貼近日常作息的店家，令人十分好奇店內什麼時候公休呢？莫非只有年節嗎？「過年的時候生意才好！怎麼可能休息！」那時外地工作的新營人紛紛返鄉過節，許久不見的大人買料理用的食材、聚會用的菸酒，拿到壓歲錢的小孩則有底氣地挑選著零食、玩具，輪番留守店內的鄭曾劉與婆婆，招呼熙來攘往的大、小客人之餘，還與前來拜年的親戚寒暄，雜貨生意和家庭生活同步經營，對她們而言，店即是家，家即是店，振旭支撐了鄭家生計，而鄭家人也撐起了振旭。

振旭商號位於人流眾多的新營第一市場

鄭黃瑞丹和鄭曾劉過年期間邊照顧生意邊接待拜年親戚（攝於一九九二年）

首先為振旭打穩基礎的是鄭黃瑞丹——一位沒有生意經驗，卻將諸事繁瑣的雜貨店經營得有聲有色的女老闆、一位兼顧家庭與事業，讓兒子自豪，讓媳婦引以為榜樣的婆婆。惋惜的是，因年歲已高，鄭黃瑞丹不問店務好些年了，二〇二〇年到訪時未能見上一面，聽她聊聊如何在競爭激烈的市場中站穩腳步。所幸，藉由鄭曾劉對婆婆的種種誇獎，

振旭商號創始人鄭黃瑞丹（約攝於一九七〇年代）

我們一片片拼出鄭黃瑞丹的形象，有些模糊卻又清晰，因為我們後來發現，從她身上似乎可見婆婆對待生意的影子。

「現在不如以前了，婆婆那時候的東西才多！」她謙虛的說。若說鄭曾劉老闆令人深刻的第一印象是親切，那初次踏入振旭商號的人，勢必無法忽視店內、店外，地面、牆上，層層疊疊的貨架和琳瑯滿目的商品，無須逐一盤點，隨意環視的品項加起來就超過百樣，種類繁多，部分商品甚至僅能陳列一個，只要一賣出便須立刻補上，令人驚奇雜貨店過往的盛況。

「我婆婆很在乎客人的觀感，除了店內擺設，也特別注重打扮。」聽說鄭曾劉已是兒孫滿堂，我們大感詫異，不僅因為她駐顏有術，更是由於她的穿著實在不像是一位六旬阿嬤的品味。恰巧訪談的同學是一群女高中生，不但嘴甜地稱老闆為「阿姨」，更紛紛讚美她時尚。鄭曾劉

請戴口罩

抿起擦著年度流行色的嘴唇，靦腆地表示自己只是隨意搭配，遠比不上婆婆從頭到腳的衣服、鞋子、首飾，甚至妝容皆是賞心悅目。開始幫忙雜貨店生意後，婆婆也要求她的穿搭，就是從那時起，整理儀容成為她每日開店的第一個準備要務。

做生意起頭難，但守成也並不容易。雖然鄭曾劉十分謙虛，但能在攤販眾多、競爭激烈的大市場中長期留住客群，想來不僅蕭規曹隨這麼簡單。由商品堆砌而成的振旭，對於空間的運用、商品的擺放……每一處都有巧思，「這是婆婆那時候就有的」、「這是我後來增加的」，前者與後者的數量其實不相上下，又和諧的彼此交錯著，欽佩婆婆的她保存著過往的優良傳統，並在這之上、在這之外，慢慢地建立起屬於自己的傳統。「我婆婆真的是女強人！」這是鄭曾劉語末對婆婆商業手腕的結論，而對同行的訪談者來說，未能見到那位傳言中的女強人固然有些可惜，但在那刻，就有位女強人在眼前，時而深深地謙虛，時而淺淺地驕傲，說著她們的故事。

在女力當家的店裡，男性似乎相形失色，但換個角度想，又不禁讓人感興趣：當女性投注大量心力於雜貨店務時，家裡的男性扮演什麼樣的角色呢？鄭曾劉的公公與先生雖然在店外各有自己的工作，但下班後或是休假時便協助店內送貨、上架，偶爾亦輪班顧店，讓太太們稍微喘息，此外，對於家務也多有分擔。初訪當天，鄭曾劉的先生也在店內，說是帶午餐給她。彼此打過招呼後，話匣子逐漸開啟，鄭先生才表示，得知一群陌生人前來訪談，難免有些放心不下，因此等到用餐完畢仍留下替太太照看一番。多虧先生的小心，我們才得以從

身兼雜貨店兒子和女老闆丈夫的他口中聽到更多故事，他談起母親中年發光的商業才華，也感謝妻子投入夫家生活的付出，並支持她更進一步自我實現，也讓人看見，以家庭力量經營的雜貨店，如何將家裡的分工延伸至店內，店內的關係又如何影響回家裡。

在鄭先生準備離開之際，另一位與振旭關係匪淺的男性出現，他是夫妻倆的小兒子——鄭乃哲。體諒母親年歲漸增，負擔長時間開店的營業方式稍嫌吃力，鄭乃哲幾年前肩負起分擔店務的工作，與鄭曾劉輪班顧店，而兩次訪談日，他都提前到店裡幫忙，好讓母親能安心受訪。

第一次前往振旭是悠閒的午後，店內雖時不時有

右／鄭曾劉與先生合影
中／對雜貨店務大略上手的鄭乃哲，已能獨當一面招呼客人
左／代客提物是鄭乃哲為顧客提供的服務

客人、送貨人上門，但仍有較為完整的時間進行訪談；第二次到訪則讓人見識到：對於商家而言，早晨的市場就是戰場無誤！市場的人潮雖然絡繹不絕，但購物的選擇很多，因此除了商品物美價廉，懂生存的老闆必須快、狠、準地抓住並回應客人的需求。已具備幾年實戰經驗的鄭乃哲，對店內商品如數家珍，該秤斤或論兩一清二楚，身強體健的他還代客提物，顧客拿不動的商品他都能代為服務。

而原先姿態優雅的鄭曾劉上到戰場只有「俐落」二字可以形容，整理好儀容是基本，為加速結帳速度，她捨棄店內櫃檯，背起側背包，輔以數十年磨練出來的心算功力，面對源源不絕的顧客和來自四面八方的詢問，她都能一一應付：看見要選雞蛋的客人，她右手撕下塑膠袋打開遞上；聽見找滷包的客人，她左手指出明確的置物區；嗅見有意大手筆採購的商機，她一個箭步上前招呼、介紹，包準讓您滿載而歸。幾分鐘內經歷高負載的來來回回，即便是電腦也頭昏眼花，但對功力深厚的鄭曾劉不過小菜一碟。李娘子鎮守娘子關時想來就是這般光景吧！

她一邊忙著，一邊請大家入店稍候，而初次見識到「戰場」的我們早已忘了來訪目的，只顧著讚嘆鄭家母子兩人的矯健身手。回過神來，

剛剛湧上的人潮在購物後滿意地退去，鄭曾劉優雅回歸，轉身走入店內為我們回答前次訪談未盡的好奇，鄭乃哲則繼續在店門口招呼著一組組客人。在傳統市場內，像鄭乃哲這樣的年輕人並不多見：身著無印風的素色上衣，隨意扎起的頭髮散著幾縷青絲，腰間搭配的是丹寧布圍裙，使人恍惚有種身處文青咖啡店的錯覺，看來，對衣著的重視和好品味是振旭經商之道的必學心法。

鄭乃哲大學讀歷史系，畢業後的興趣是攝影，但這些個人喜好都不敵對家人和自家雜貨店的羈絆。雖然目前店內營運仍是母親主導，但鄭乃哲也常提意見，例如原先擺放於地面的多半是重量較重的商品，他便在商品底下加上平板推車，讓力氣較小、膝蓋不便的鄭曾劉能輕鬆移動；二〇二〇年新冠肺炎爆發，為配合政府的防疫政策，鄭乃哲不僅整日戴著口罩在燠熱的市場做生意，還自製標語提醒消費者配合。他的加

入為母親分擔了工作，也為店裡帶來了年輕一代的視野。

在家裡，是婆媳，是母子；在店裡，是老闆、伙計，是師傅、學徒，在以住家作為店面的振旭商號裡，各種身分界線顯得曖昧，這種曖昧可能是許多家族事業衍生摩擦的起因，但之於鄭曾劉與婆婆，卻是一點一滴建立革命情感的地方，大至店內營運，小至商品上架，振旭在兩代人的努力下站穩腳跟；之於鄭曾劉與兒子則是守成與傳承交接的關鍵時刻。後繼無人是許多雜貨店的隱憂，問及第三代的兒子是否有意接手？鄭曾劉笑著說：「看他，我們都好。」「還在考慮，真的是不容易的決定。」鄭乃哲不確定的語氣中帶著一些眷戀，這或許是多數老店子女面臨走出店外打拼，或留下傳承家業的岔路時，必經的艱難選擇，因為店不單是營生的地方，更緊緊連著撐起店的人和家。

命運或是機會？受訪的他們和訪談的我們都難以

輕易下決定。猶豫的原因或許是因為，站在振旭裡，可以感受到熙來攘往的人群正為它注入血液，並清楚地聽見這間老店略顯緩慢，卻十分穩定的心跳聲。

仁安堂

黃美惠

國內的高科技產業從一九七〇年代開始蓬勃發展，北、中、南部陸續設立科學園區，隨之而來的是自各縣市湧入的科技業人員。新的居民、新的經濟效益和新的地方文化就這樣重新組合。臺南的科學園區處於新市、善化、安定之間，造成原先以農業為主的善化急速都市化，更成為近十年來臺南人口成長最快的行政區。

傳統又新穎，看似違和卻恰是描述善化最貼切的形容詞。在善化小新營兼售中藥和雜貨的仁安堂裡，前來消費的可能是在當地孕育幾代子孫的老善化人，也可能是才剛搬來、或家族第一代出生於當地的新善化人。對他們而言，新與舊並不衝突，大家同是在這片土地上討生活的人，而傳承兩代、陪伴地方流轉的仁安堂則是提供生活所需的最佳補給站。

店家檔案

店家位置：臺南市善化區

開業時間：雜貨店約於二〇〇〇年代，中藥行約於一九五〇年代

現任老闆：蘇炯祐先生（第二代）

店家關鍵字：#中藥行 #共用店面 #異業結合 #新舊住宅 #鄰里服務站

店家小祕密：與善化許多地方相同，仁安堂對面也蓋起大樓，不單吸引外地人，也有不少當地人購屋，蘇老闆即是其中之一。因熟識地方，他被推舉為大樓管委會主委，肩負替居民看顧小孩、代收包裹等任務。主委加雜貨店老闆的雙重身分，讓「服務」的範圍沒有侷限。

明星商品

鑽戒糖

造型可愛、糖果體積大、價錢又便宜，並且兼具玩具和零食功能，一併滿足孩子的雙重願望，讓鑽戒糖一直是仁安堂的長青商品。

十二星座星星糖

搭配萬年不敗的星座主題，色彩繽紛的星星糖一推出便受到孩子的喜愛，一顆顆星星形狀的糖果如同裝在玻璃罐裡五顏六色的童年時光。

店家私推

兼營中藥鋪和雜貨店的仁安堂，同時販售大眾品牌和中藥製成的爽身粉，凸顯跨界店家的特殊優勢。兩者相比，二代老闆蘇炯祐較推薦以草本製成的商品，其標榜中藥療效的特色也更獲消費者青睞。

鑽戒糖

飄著中藥香的仁安堂

江旻蓉
國立善化高級中學
國文科教師

沿著小巷子往前行，看著舊式的矮房前矗立著一棟新穎的公寓大廈，這樣新舊對照的空間，在善化並不陌生。格格不入的兩種風情，卻也從中隱藏著新生。而飄起藥香的雜貨店便在這之中朝著人們揮手。

與一般雜貨店不同的是，一靠近店門便看到大大匾額寫著「仁安堂」以及橫批「仁施妙藥來者心安」，有著文學底蘊，進門就聞到空氣中瀰漫著淡淡中藥香，以及可愛的店貓「咪寶」迎接我們。而中藥與臺灣傳統雜貨是如何連結與相融，立刻勾起了大家無窮的好奇心。老闆也隨著我們的興致，開心地暢談起這家已有一甲子年歲的老店所隱藏的故事。

九十多歲的老老闆蘇崇仁，在二十三歲時因興趣盤下中藥行，而

上／仁安堂外新舊建築交錯的街道
下／兼營中藥鋪及雜貨店的仁安堂

今店家也有七十年左右的歷史。仁安堂的「仁」便是從他的名字而來，「安」則是希望大家平安順遂。現任老闆蘇烱祐自當兵回來後承繼父親事業，並於二十年前接手親戚經營的雜貨店，增設到中藥店裡，開啟了

仁安堂現由第二代蘇烱祐（右圖）經營，但老老闆蘇崇仁（左圖）仍協助店面生意

飄盪著中藥味的雜貨店格局。

店裡有非常多有趣的事物值得探尋，我們一邊透過雙眼觀察店裡琳瑯滿目的商品，一邊聽著老闆親切地解說這家老店的歷史和各式各樣的中藥材。其中最特別的藥材是蜈蚣，需將有毒部位處理妥善，並用竹片插入頭、尾使其繃直，乾燥後方能入藥。此外，他還介紹店裡最名貴的商品「冬蟲夏草」，小小一綑便價值數千，甚至破萬，讓人大開眼界。

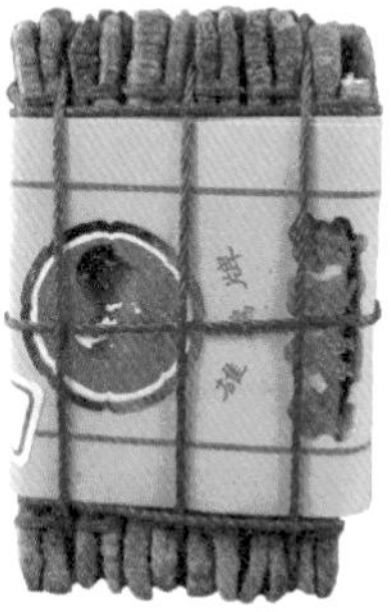
價格不菲的冬蟲夏草

這家老店還保留著使用法碼的舊式秤仔，老闆除了親自教導我們如何操作外，更現場示範了傳統用紅紙包中藥材的手法。現今許多中藥材都是使用夾鏈袋或布袋，能再次看到用熟練的手法擺放藥材與包藥過程，真的是難能可貴的經驗。仁安堂的算盤已有百年歷史，幫老老闆理

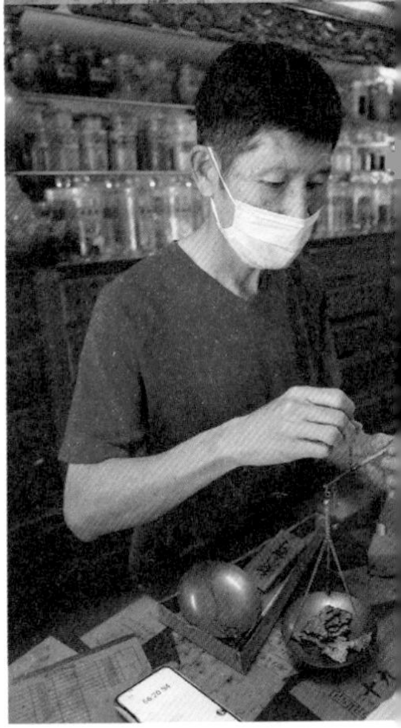

清數不清的帳目，他特別為我們示範一次打算盤的方法，清脆的珠子互相敲響著，彷彿讓眾人憶起舊時代的美好時光。

臺灣一般雜貨店常見的古早味糖果，如橡皮糖、整人糖，還有現下小朋友仍舊喜愛的CC樂[1]，仁安堂應有盡有，更結合中藥房的特色，引進仙楂糖以及護喉聖品八仙果。日常用品的選貨也是如此，除了印有經典白雪公主圖樣的皇冠牌香爽粉，仁安堂還售有以中藥製成的漢式草本爽身粉，是身兼中藥及雜貨專業的蘇烱祐老闆特別推薦的商品。至於

1 一種以吸管食用糖粉的零食。

酒品，除了米酒與啤酒外，各式各樣的藥酒也是該店特色。琳瑯滿目的商品中，吸引我們目光的還有一包看似不起眼的冰糖，其產地是臺南東山區，霎時喚醒眾人腦海中關於臺南糖業歷史的記憶。

八味一方漢式草本爽身粉

永良冰糖

交談的過程中，我們從兩代蘇家人口中了解到此地的歲月變遷：以前附近有個熱鬧市場，隨著居民老化、外移，現已逐漸沒落，取而代之的是隨著南科一同遷入當地的外來人口及新式建築。但即使如此，仁安堂卻沒有被時光洪流所淹沒，透過老闆的選貨眼光與服務熱誠，依舊扮演著社區中便利的取貨站，同時也是年長居民聚會的好去處，聯繫著社區感情，持續將這份舊時代的溫暖延展在新的時空裡。

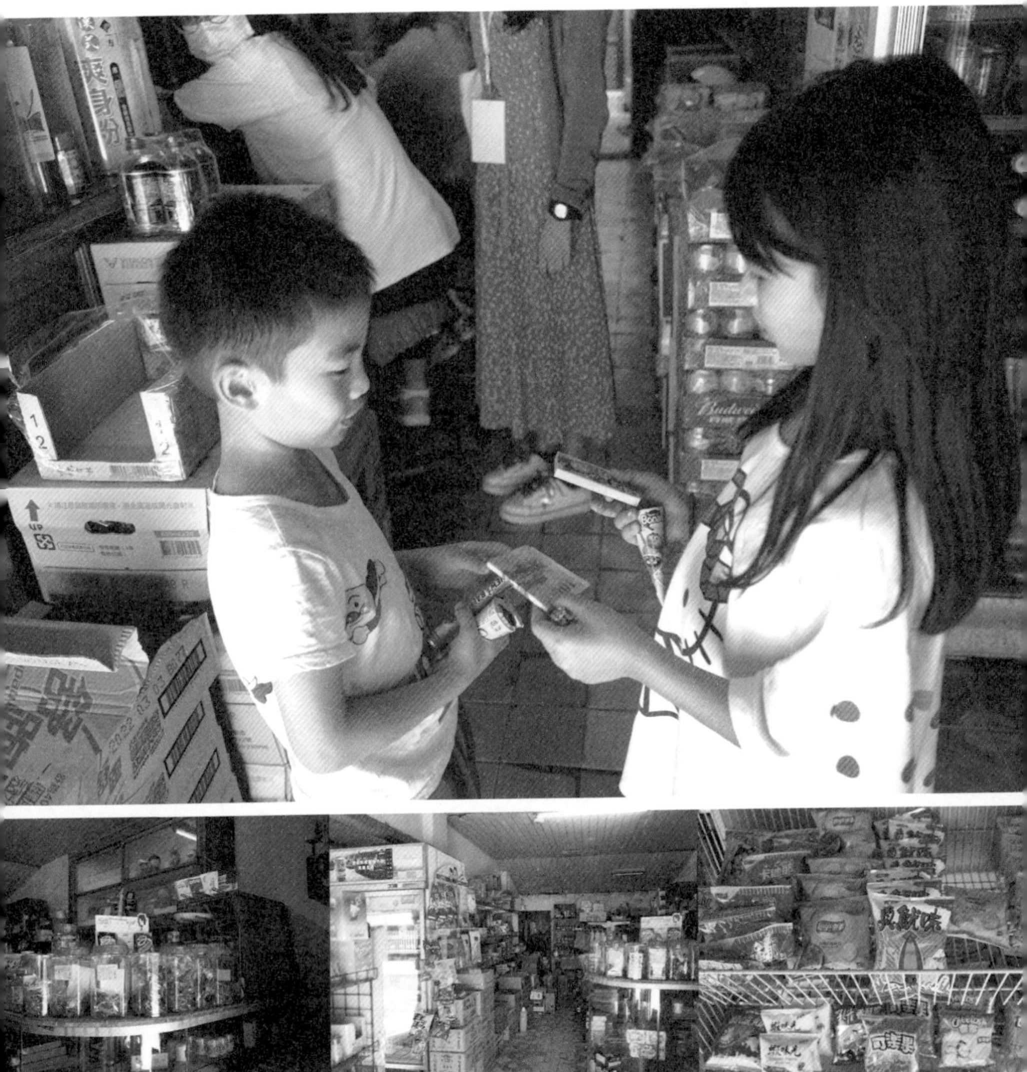

仁安堂是鄰里幼童的零食天堂

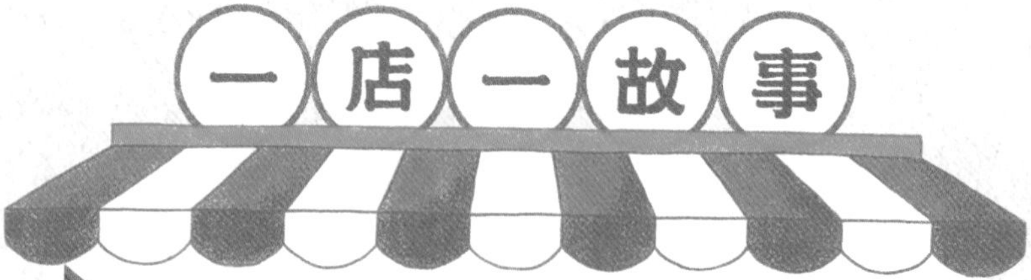

和康行柑仔店

黃美惠

靠海的北門、七股至西港、佳里等區過去是曬鹽的重鎮，此處地質鹽分高、土地貧瘠，是著名的鹽分地帶。因營生不易，歷來屬於臺南人口較少的區域，村落多呈點狀分布。鄰近的學甲、佳里是此區域的交通樞紐，幾條通往北門、將軍的要道皆貫穿其中，因此常是駕駛人停下加油、稍作休息之處。

只要行經南二線，勢必會在綿延至天際的鄉道上，注意到一間彷彿突然出現於空曠路旁的雜貨店——和康行柑仔店。無論是過路人或是在地人，販售豐富品項的和康行都像是沙漠裡的綠洲，看似了無商機的環境不僅成為它誕生的契機，也促使它發展出多元服務的營業模式，更讓人由此發現，無論是熱鬧或偏僻之地，只要是有人的地方，便自有其開展生活網絡的步調和運作之道。

店家檔案

店家位置：臺南市學甲區

開業時間：約於二〇〇三年

現任老闆：郭明智、簡月事夫婦（第一代）

店家關鍵字：#好康#理髮店#共用店面#鄉道#多元經營

店家小祕密：屬於傳統產業的雜貨店不免令人有歷史悠久的錯覺，但和康行柑仔店便恰巧打破這個成見。該店店齡不長，老闆夫婦也不似多數雜貨店經營者是承繼家族事業的老江湖，而是自己選擇開設雜貨店，以新手之姿掀開人生新扉頁。

明星商品

黑輪、冬瓜茶

除了雜貨商品，和康行還售有老闆娘簡月事自己燒製、裝杯的冬瓜茶，以及炸黑輪、蔥油餅等小點心，是當地居民和過路客午後簡單的美味。

店家私推

和康行往北行不遠即是八掌溪的溪床，屬於沙質土壤，排水良好，適合種植西瓜、小番茄等作物，因此當地許多居民是以果農為職。郭明智經營雜貨店之餘亦務農，收成不僅銷往中盤，也保留少量於店外販售，六月份是大西瓜，七月份是個頭較小的甜美人西瓜，冬季則是小番茄。八掌溪肥沃的土質加上郭老闆老道的種植經驗，自產自銷的西瓜和番茄甜又多汁，是他掛保證的推薦商品。

黑輪

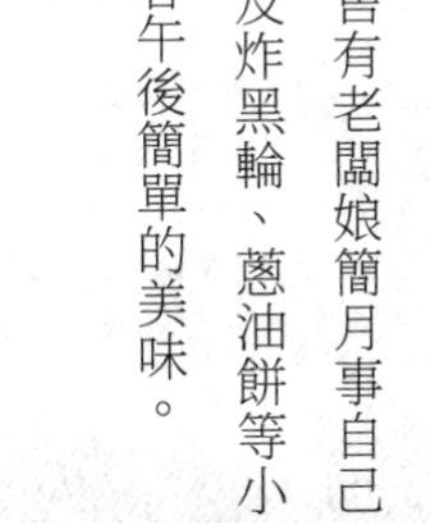

甜美人西瓜

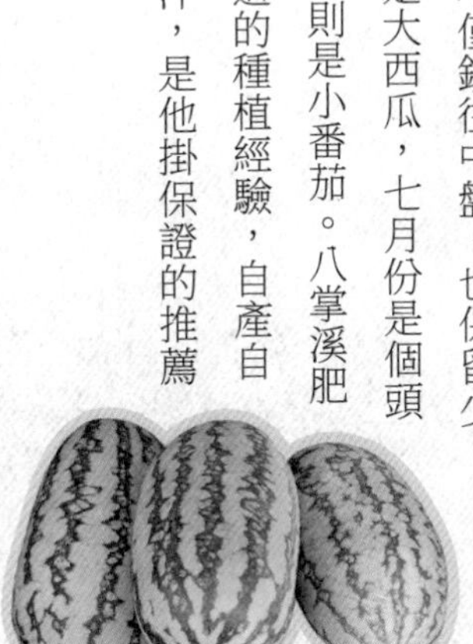

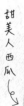

多邊經營的和康行柑仔店

黃美惠
國立成功大學歷史學系
公眾歷史與博物館研究室
專案企劃

店前小吃攤的油鍋裡正炸著黑輪，高溫產生的熱氣混著香味裊裊向上，「紅茶」、「冬瓜茶」、「冰塊」、「檳榔」的紙板吊掛在門上，隨著風或輕或急地飄盪著，走入店內，除了食品、日用品擺滿目光可及之處，一組燙髮用的烘罩不經意地從右方牆壁竄出。若不看招牌，這會是什麼類型的店呢？

雜貨店，一個令人有些意外又不甚意外的答案。也是，這看似衝突又和諧的異業結合在雜貨店界是再平常不過的事。走訪臺南雜貨店的兩年多來，常常驚嘆於許多店家充滿巧思的經營術，但若要選出當中極具靈活度的店家，「和康行柑仔店」絕對榜上有名。

在店前小吃攤炸黑輪的老闆郭明智

諧音「好康」[2]的店名，反映出郭明智和簡月事夫婦的經營策略是以滿足客人需求為上，只要客人需要，即便店內沒有該商品，也會試著尋找貨源，「這次買不到不好意思，但下次來一定會有！」看似客氣的生意應對，之於他們卻是對客人的承諾，也是商機的信號，更是自營雜貨店勝過連鎖便利商店的優勢，當然

2 臺語，利多、甜頭的意思。

說到做到！

為了說到做到，和康行如同百寶袋，常見的菸、酒、飲料、糖果、餅乾、罐頭、醬料是基本款，清潔用品、五金、電器、襪子、手套，甚至發熱衣等，和康行應有盡有。踏入種類爆表的店內，紅的、黃的、綠的、藍的……形形色色的商品像是彩虹衝向眼前，充分體現了「雜」貨店的特質，一時間還真不知從何逛起。但老闆夫婦並未就此停手，自家種的水果又甜又漂亮，可以賣；現代人喜歡喝的紅茶、冬瓜茶，可以賣；卡車司機用以提神的檳榔，可以賣……在買賣間，和康行說大不大、說小

不小的店面，便被因應消費需求而增生的商品填滿。老實說，以「滿」來形容是不精確的，因為他們總能在已經包山包海的品項中再繼續增加，空間限制不了他們四溢的生意熱情。

這樣的熱情使感官變得靈敏，聽說的、看見的、感受到的，都可以萌發商機。而把握商機的方式除了豐富店內品項，多邊經營又是和康行另一個發揮得淋漓盡致的經商之道。

雜貨店的後方即為兩人住家，店面最早為簡月事經營家庭美髮的空間。該店位於鄉道上，放眼望去周圍只有零星幾戶人家，商家更是寥寥可數，最近的便利商店也有五公里遠。對大多數人而言，這個客群稀少的地方並不適合做生意，但長期生活於該處的郭明智熟知當地環境，購物不便的情況下，即便是滿足一小群人的需求也有無限商機，加上和康行前的鄉道是學甲通往北門的要道，時常開車經過的送貨員、卡車司機

或是偶爾過路的旅客也都是潛在的客人，「只要有商品提供，那麼便會有客人上門。」這個信念促使郭明智退休後萌發開店的念頭，也因此產生雜貨店與美髮店共用店面的特殊景象。

簡單的原則加上設身處地的體貼，和康行的服務項目越來越多，先是新增郵票代售的功能，而後因幾位過路客不約而同提及四周沒有餐飲店，十分不便，夫婦倆又於店前擺起小攤子，販售吐司、漢堡、黑輪、蔥油餅、鍋燒意麵等吃食，分量不大卻足夠讓過路人稍微果腹，也可作為在地人的早餐、點心。「偶爾還有值夜班的警察打電話來，要我們送水餃過去呢！」簡月事指著不遠處的警察局說道。而和康行的服務也不限於有收益的商品，店門口的牆面上或貼或印著計程車行的電話，郭明智解釋，因為周圍偏僻，難以路邊招車，鄰人若有需求，便會至來往人流多的雜貨店詢問，久之，和

康行變成司機和乘客相約的地標，牆上也越來越多車行的電話。

雜貨店、美髮店，再加上小吃攤，兩位年過半百的經營者並未感到疲憊，於他們來說，開店服務客人是為了營生，也是生活的一部分。婚後的二十幾年多半用心於養育子女，隨著孩子一個個完成學業、經濟獨立，閒下時間的兩人並未受困於空巢期，反而獲得活出第二人生的自由。

「就覺得什麼都可以賣！」是郭明智選擇開雜貨店的理由。以經濟效益來說，該地的條件極難吸引創業成本高的連鎖店進駐，但如同臺南市中心或各區商圈之外的許多地方，與和康行一樣小本經營

甚或以店為家的雜貨店，對於當地人而言是不可或缺的存在，而這類型的雜貨店為回應客人們的需求，幾乎都提供五花八門的服務。「若這裡沒有和康行呢？」「那可不行，太不方便了！」一位來店消費的鄰人搖著頭驚呼著，隔著口罩都能聽到語氣中的無法想像。

如此一間被需要的雜貨店若是無人延續該如何是好呢？夫婦倆說還未想過這個問題，畢竟

他們可是一代創始者，店還年輕著呢！當務之急，是給上門的客人最「好康」的！

阿嬤柑仔店

黃美惠

說到跨世代的童年回憶，放學後直奔附近的雜貨店絕對榜上有名。此類雜貨店有著一切令學生族群動心的商品，糖果餅乾、飲料玩具、文具小物，從經典不敗的零食到時下風靡的動漫、遊戲，小小的店內體現著當代臺灣流行文化的變遷。你的記憶中也有一間相似的雜貨店嗎？或許規模不大，或許商品不多，卻足以讓孩子們眼花撩亂，逛得不亦樂乎。

在歸仁的學區一帶，阿嬤柑仔店就是這樣的存在。國小、國中到高中，即便身旁的同學換過一批又一批，下課後至雜貨店報到幾乎是當地學生的固定行程。店內四處充滿著年輕的嬉笑聲、極富購物衝動的小眼神和意欲堅守零用錢而緊握錢包或口袋的手，是老闆一家習以為常的營業風景。而讓創始者經營到老並由子女接續傳承的原因，與其說是微薄的利潤，販售歡樂似乎才是他們最重視的收益。

店家檔案

店家位置：臺南市歸仁區

開業時間：約於一九四〇年代

現任老闆：第二代老闆經營

店家關鍵字：#零食#學生天堂#大圳邊#舊地名#人瑞老闆

店家小祕密：雜貨店能經營百年十分不容易，而阿嬤柑仔店在達成這個里程碑之前，已完成了更困難的紀錄——創始者張痛活過百歲，是位人瑞老闆！

明星商品

綠豆糕

附有抽抽樂的綠豆糕是具代表性的古早味零食，雖然目前已非主流商品，但好吃又好玩的特性依然讓它保有市場，每到逢年節常有親子客前來購買，家長們回味童年之際也與孩子們一起譜寫新的回憶。

綠豆糕

橡皮糖

瓶罐的造型裡裝著果汁、可樂兩種口味，橡皮糖一直是雜貨店零食中的熱門商品，即便在販售眾多糖果餅乾的阿嬤柑仔店，也是熱銷榜上的前幾名。

橡皮糖

店家私推

阿嬤柑仔店販售的品項集中於零食、玩具和飲料三大類。而受限於店面空間，店內的飲料分放於二個小冰櫃內，提供的選擇雖然不多，但用心的老闆除了販賣常見的大廠牌，還和手搖飲商家合作，售有新鮮的奶綠和冬瓜茶，未印上商標的透明瓶身在花俏的商品中反倒格外醒目。

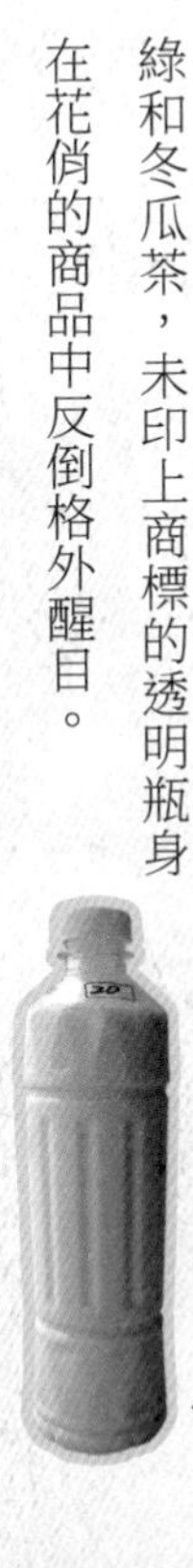

奶綠

記憶舊地名的阿嬤柑仔店

吳昭彥
國立北門高級中學
歷史科教師

自二〇二〇年的暑假開始，我們和成大的公眾歷史與博物館研究室合作，開始了在地雜貨店踏查的行動。筆者當時任教於臺南歸仁的新豐高中，學生有半數來自歸仁及周圍的仁德、關廟、龍崎等區，多半熟悉在地居民的生活狀況，於是便選擇由學校所在地出發，踏查附近的雜貨店。

在分組踏查中，學生多選擇有明顯招牌的雜貨店，但其中一組卻挑了學校後方一間沒有招牌、外觀不太起眼的店家作為訪談對象。初次踏入該店，店內沒有什麼裝飾擺設，較為簡陋，放眼望去未有特別引人注意之處。正當仍在思索踏查切入點時，學生又遭遇了事先沒有預期的困難——這間雜貨店沒有店名，亦無門牌，現任店主對於創立時間、店史也不了解！為此，師生都費神傷腦了一陣子，但當我們硬著頭皮調查下去，卻意外引出更多發人深思的問題。

藉由訪談，年輕的學生和非本地出身的老師才知道，相鄰的歸仁國小和新豐高中後方原本有個豬圈，五十多年前轉型為雜貨店。與其說是雜貨店，不如說是個路邊攤，沒有店名，亦沒有門牌地址。由於

沒有招牌、沒有門牌的「阿嬤柑仔店」

位於學區，附近囊括國小、國中和高中，主要的客群是學生，因此營業時間亦配合學生作息，假日和晚上都休息，商品也以學生喜歡的零食、飲料為主。下課後在雜貨店挑點心、和同學打鬧，是在地幾代人學生時期的共同記憶。

此店過去長時間由創始人張痛阿嬤負責經營，當地人姑且稱之為「阿嬤柑仔店」。訪問之際，阿嬤剛於半年前過世，享年一〇一歲，店務目前暫由兒媳看顧。以經營的角度來說，「阿嬤柑仔店」其實並不賺錢，過去長壽康健的阿嬤開店聊以打發時間，人事成本趨近於零，現在家人選擇延續下去，怕是想留一個供家人、鄉里記

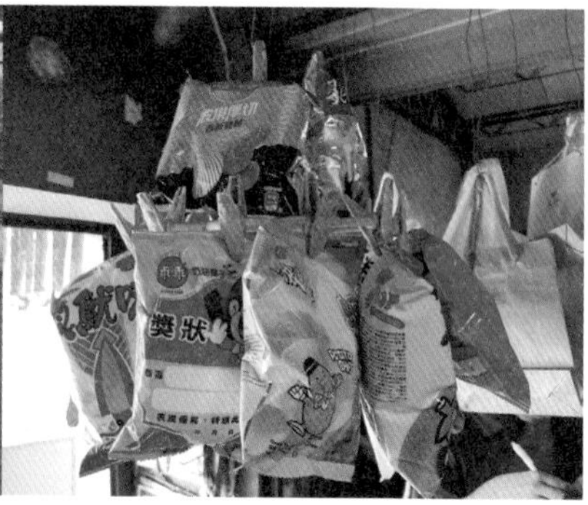

憶、想念的地方。

沒有店址這件事，讓人十分好奇店家如何叫貨，現任老闆隨口一句：「說大圳邊（臺語），大家就知道了！」又給了我們一把認識地方歷史的鑰匙。

許縣溪發源於龍崎，途經關廟、歸仁再流往新化，鄭氏時期居民開鑿水圳，至清代擴為完整的水圳組合。阿嬤的柑仔店附近即為「許縣圳」，舊時引許縣溪水至新豐高中所在地後，北轉保西一帶。今日於新豐高中附近的水圳皆已加蓋、地下化，雖在學校旁邊仍有閘門開關和水利會組織，但恰巧周邊都為住宅，因為對平日生活的環境習以為常，許多人並不知道水圳的存在，更遑論來歷。

阿嬤柑仔店創立在那個資訊和戶

阿嬤柑仔店創始者張痛

籍地籍都未完善的時代，鄉下地方沒有路名，因此地標比路名好用。雜貨店位於許縣圳旁，當地居民就稱此為「大圳邊」。時過境遷，雜貨店對面現為歸仁圖書館，年輕一輩多以「歸圖」來標註此地，卻不曾想雜貨店還是用舊名「大圳邊」來稱呼，即便已經完全看不出圳的樣貌。筆者亦推想，以前此處飼養豬隻可能即是位於圳邊，方便排水、取水。遙想當年，歸仁十景之一的「許縣曲水」已不復見，根據當地人回憶，舊時此地水圳未加蓋，因自來水不普及，居民多以圳水洗衣。小孩在此處玩水，甚至摸蝌仔兼洗褲。這些景觀，我們也只能憑空想像[3]。

3　本文許縣圳相關資料參自陳秋伶，〈歸仁——舊社埤攔水壩與八甲圳〉，臺南水故事Facebook粉專，二〇二〇年十二月三日。許耿肇，〈清代許縣溪的水利〉，歸農棧（新豐潮）Facebook粉專，二〇一七年五月三十日。因考察的地方較早已變成現今文教住宅區，關於水圳的利用，除了訪問耆老，多半要往靠近關廟一帶調查，才能看到保留較多原貌和原用途的水圳。

除了保留舊地名，阿嬤柑仔店亦保留了一個地景。營業多年的店多少會因為商品更換或是季節、促銷、維護等因素，使得店門口不可能一成不變。但我們透過Google街景查詢數年來該店樣貌，阿嬤柑仔店可說是十年如一日，十年來除了門口春聯更換，其擺設、家具，甚至屋頂，居然從未變動。設想一個居住於此地的居民，離鄉多年，偶然返鄉，依歸仁這些年的快速發展，他或許不易在街道上找回舊時回憶，但阿嬤柑仔店可能是這裡唯一，用最頑強的方式，將時光凍結的地方。

都市化的發展和歷史的演進，許多過往回憶正一點一滴消失中，老一輩無法重尋生活足跡，新的一輩沒有途徑認識地方。惋惜之時，不妨也往生活周邊的雜貨店走走，若願意放慢腳步，仔細觀察，和店主聊聊，或許也能打開一道時空之門。

豐成商店

黃美惠

以酪農業聞名全臺的柳營，是國內鮮乳的主要產地，但受限於產業型態和緊鄰北臺南主要生活圈的新營，近十幾年來越發面臨人口老化、負成長的狀況。除經營觀光和開拓乳製產品等調理就業體質、活化地區的發展，當地高齡者的生活動態也逐漸受到公私單位的關注。雖然政府和民間團體的介入有其助益，不過當地其實有著一個長期以來，配合逐漸變老的柳營人提供相應需求的運作機制——以雜貨店為主要齒輪所驅動。

豐成商店位於新營的一處小聚落內，主要服務著周圍為數不多的幾戶人家。從創業到現今，近六十年的時光，老闆夫婦伴隨鄰里從年輕的打拼歲月走到年老的退休生活，聚落的一天像是自豐成拉起店門那刻而開啟，並跟著店門拉下而結束，一日復一日，早晨、夜晚，輪動著地方的生活。

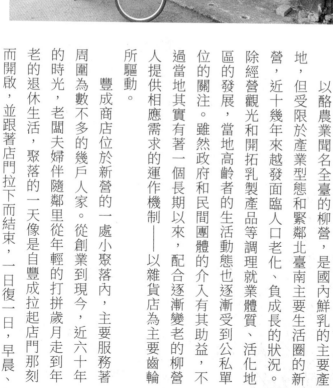

店家檔案

店家位置：臺南市柳營區

開業時間：約於一九六五年

現任老闆：丁耀文、王淑鳳夫婦（第一代）

店家關鍵字：#中地#商品圈#商閾#人口老化#人口外流

店家小祕密：丁老闆有一雙巧手，店內不少貨架皆為自己製作。在他手上，損壞的腳踏車輪框加上棉線和塑膠夾，一個實用的商品夾就此誕生，靜靜懸掛在空中，與店內絲毫不違和，因為它和豐成商店的每個角落一樣，都是老闆精心打造而成。

明星商品

手工麵線

來自新營、一把一把零售的手工麵線是豐成商店的主推商品，因是手工製成，麵體較有韌度，烹煮時不易黏糊，加上可以少量購買，免去儲存問題，頗獲鄉人喜愛。

店家私推

豐成商店所在的社區近年人口老化，對於包含老闆娘在內的年長者來說，品牌大、價格便宜的塑膠瓶裝醬油是醬料的好選擇，因為品牌大代表品質有保障，價格便宜則顯得實惠，塑膠瓶裝的重量較輕，可方便拿取又不易打破，以上特點一一打中老人家的消費喜好。

伴隨聚落作息的豐成商店

莊婉瑩
國立新營高級中學
地理科教師

大新營地區[4]位於臺灣西南部的嘉南平原，氣候溫暖、年可三穫，降雨集中夏季，受到水源及歷史發展等因素的影響，從衛星影像（圖一）可以看到散布於廣袤農地的集村聚落，新營、柳營（舊名查畝營）等地名，記錄了鄭成功派官兵屯墾的歷史[5]。新營在日治時期行政層級

4 為便於統治，臺灣於日治時期經過幾次行政區劃的調整，一九二〇年時，新設立的新營郡以新營為區域中心，轄下包括柳營、鹽水、東山、後壁、白河，直至今日，臺南溪北地區民眾仍習慣將此一以新營為中地的範圍，稱為大新營地區。

5 一六六一年鄭成功頒布開墾令，其中以軍鎮屯駐兵士進行開墾，稱為「營盤田」，平日耕地自給，解決糧食不足問題，戰時調動屯墾士兵，寓兵於農，這是本區有許多「營」字地名的由來，例如舊營、下營、中營、林鳳營等。

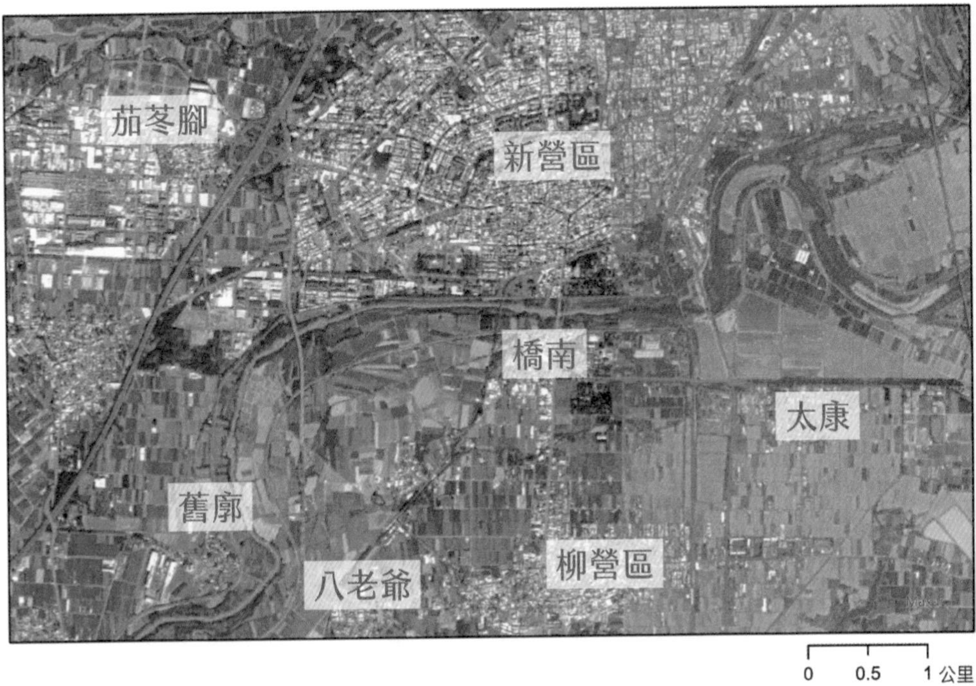

圖一　新營區周圍聚落（地圖繪製平臺：ARCGIS ONLINE）

為「太子宮堡新營庄」，其後因交通發展與行政區域劃分的影響，一躍成為大新營地區聚落規模最大、等級最高的中地[6]。

在臺南雜貨店的踏查中，我們訪談的對象是兩間位於柳營的雜貨店：「豐成商店」、「振興商號」。從新營高中出發前往柳營，觀察沿途地景，一路從新營相對人車繁華的市區，跨過一座橋進入柳營區的範圍內，屋舍變少，四周地景變得較為空曠，一直到振興商號（圖二綠色圖標處）坐落的柳營市區，建築又變得較多，其後再是農田景觀，才進入豐成商店（圖二黃色圖標處）所在聚落。從圖二可見，振興商號所在的聚落規模大於豐成商店，聚落規模大、人口數多，較大的市場區也使得前者所販售的商品種類、數量多於後者。此外，振興商號位於八老爺

6 提供商品或服務的據點。

圖二　柳營踏查點。黃色圖標所標示的豐成商店位於吳晉淮音樂紀念館附近，綠色圖標所標示的振興商號位於劉家古厝對面（地圖繪製平臺：ARCGIS ONLINE）

酪農區往市區主要道路上，顧客來源較廣、商品圈[7]較大，由於位置特殊性，店內販售的商品頗具地方特色，比如酪農擠乳用的工作手套，呈現雜貨店扎根地方的特性。

相對於振興商號，豐成商店所在的小聚落，僅約數十戶

7　均質平原上，以商店為中心，消費者願意移動購買商品的最大距離為半徑的圓即為該店的商品圈，也是一家商店可能擁有的顧客之最大居住範圍。

人家，主要以務農維生，房舍疏落，今仍留有不少合院平房的舊建築，靜寂的街道平日少見行人與車輛。由於聚落偏離主要交通幹道，因此雜貨店的顧客幾乎全為當地人，較少外地人會去光顧，商品圈小。這個小聚落會被人注意或造訪，與吳晉淮[8]故居（今吳晉淮音樂紀念館）有關。

8 臺灣歌謠作曲家及歌手，知名作品如〈關仔嶺之戀〉、〈講什麼山盟海誓〉等。

吳晉淮音樂紀念館，攝於二〇二〇年

吳晉淮音樂紀念館所在聚落（地圖繪製平臺：ARCGIS ONLINE）

吳家在當地是大家族，原祖厝在地震中損毀，現今的吳晉淮故居建築本體則是在日治時期重新建造，從精美的建材裝飾、木雕彩繪及建築格局，可以想見過往的興盛情況。之後由於家族成員陸續移居外地，故居逐漸荒廢，經臺南市政府文化局進行整修，於二〇一二年成立吳晉淮音樂紀念館。

時光回溯，回到數十年前豐成商店已開業一段時日之時，商品除了油、鹽、醬、醋等日常生活用品，店內還有「籤仔」擺售著自家種植或鄰里寄賣的農產品，以方便農忙時不方便採買食材的婆婆媽媽；店門口擺放彈珠檯，加上各種零嘴、小玩具，很多小孩會在放學後前來光顧；店外牆上設有郵筒、掛著「郵票代售處」的綠色招牌，丁耀文老闆會幫忙有需要的人讀信、寄信。需要補貨時，丁老闆會騎著三輪車前往本區更高級中地[9]——新營的第一市場附近批貨，也接受顧客委託，代購店內未販售的商品。

豐成商店提供的多樣化服務，充分展現雜貨店在集村聚落中所扮演的零售中地功能。往來的顧客幾乎都是熟稔的鄰里，店家忙碌時顧客會自行動手秤重算錢，還可以喊一句「老闆記帳」就離開，有需要也能請店家外送。而人們來店裡不一定都為購買商品，三不五時聚在店裡聊聊家常，共度閒暇時光。訪談中，除能感受到滿滿的鄉土人情味，店家過往的生意興隆也代表了當時整個聚落所煥發的蓬勃生命力。

時至今日，我們雖然可以從數據資料中看出近二十年來柳營區人口幾乎皆為負成長，面臨人口外流、人口老化等問題，但沒有比實際走一

9 中地所能提供的商品及服務種類越多、商品等級越高，中地等級也越高。

趟令人感受更加深刻。豐成商店的老闆夫婦皆已八十多歲，店裡屋頂略傾頹，貨架上沒有幾樣商品，偶爾進店的也大多是實際意義上的「老」顧客，包括夫婦小孩在內的年輕一代，有不少都已搬到新營居住或就業。因店面是自宅，顧店人手也是自家人，所需商閾[10]小，就算顧客不多，仍每日開店，老人家的理由是「能賣就賣、捨不得」，捨不得仍能提供老鄰里服務的一分情，與相見親切招呼的每一刻。

在聚落裡，雜貨店是一個方便的生活用品供應站，也是鄰里日常交流的活動紐帶，但隨著現今的交通發達，便利商店隨處可見，會有傳統雜貨店能否生存、甚或存在必要的疑問。但經過實地訪談，發現雖然沒有便利商店明亮吸引人的店面，但不論是市場裡、巷弄中或小鎮上不起

10　商家維持營業不至於虧損，所需要的最小銷售範圍。

上／豐成商店經營者丁耀文、王淑鳳夫婦
下／豐成商店外陪伴在地人走過長走歲月的郵筒

客群固定、老化的豐成商店品項不多

眼的雜貨店，都緊密地與在地消費者的需求連結，和連鎖店相較，有更高也更靈活的在地市場敏感度。加上自宅、自家人手經營的相對低成本，或許也是今日雜貨店仍能堅韌地經營下去的因素。

從另一個角度來說，長者受到交通條件及資訊能力的限制較多，在面臨人口老化問題的聚落，像豐成商店這樣的店家，是否更有其存在的必要性？未來，或許地方人脈廣的雜貨店可以發揮滿足在地需求的特色，擴充

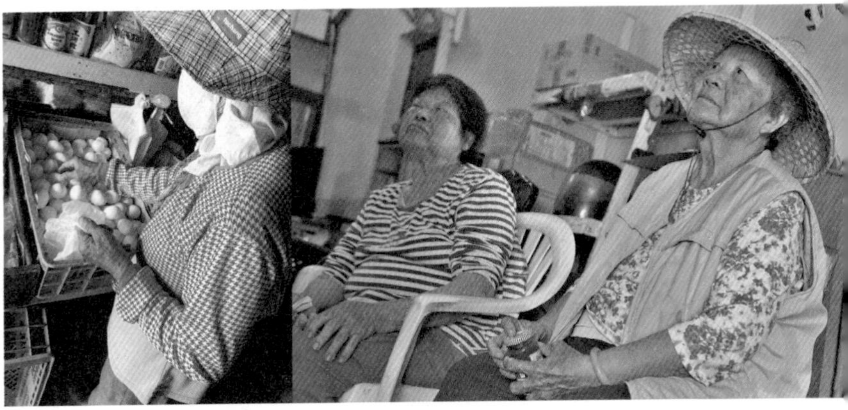

右／丁耀文以腳踏車輪自製的商品架
左、中／豐成商店是「老」顧客購物、談天的好去處

服務作為社區長者關懷照顧站；而鄉村雜貨店自售、寄賣農產品的功能可以結合網路，行銷在地農產品、提振地方經濟活力，創造讓年輕一代可以回流的就業機會。如此，傳統雜貨店的特色得以延續，並更貼近現代社會型態的需求，與社區一起打造能吸引人移居的安心慢老生活。

我們這樣認識地方

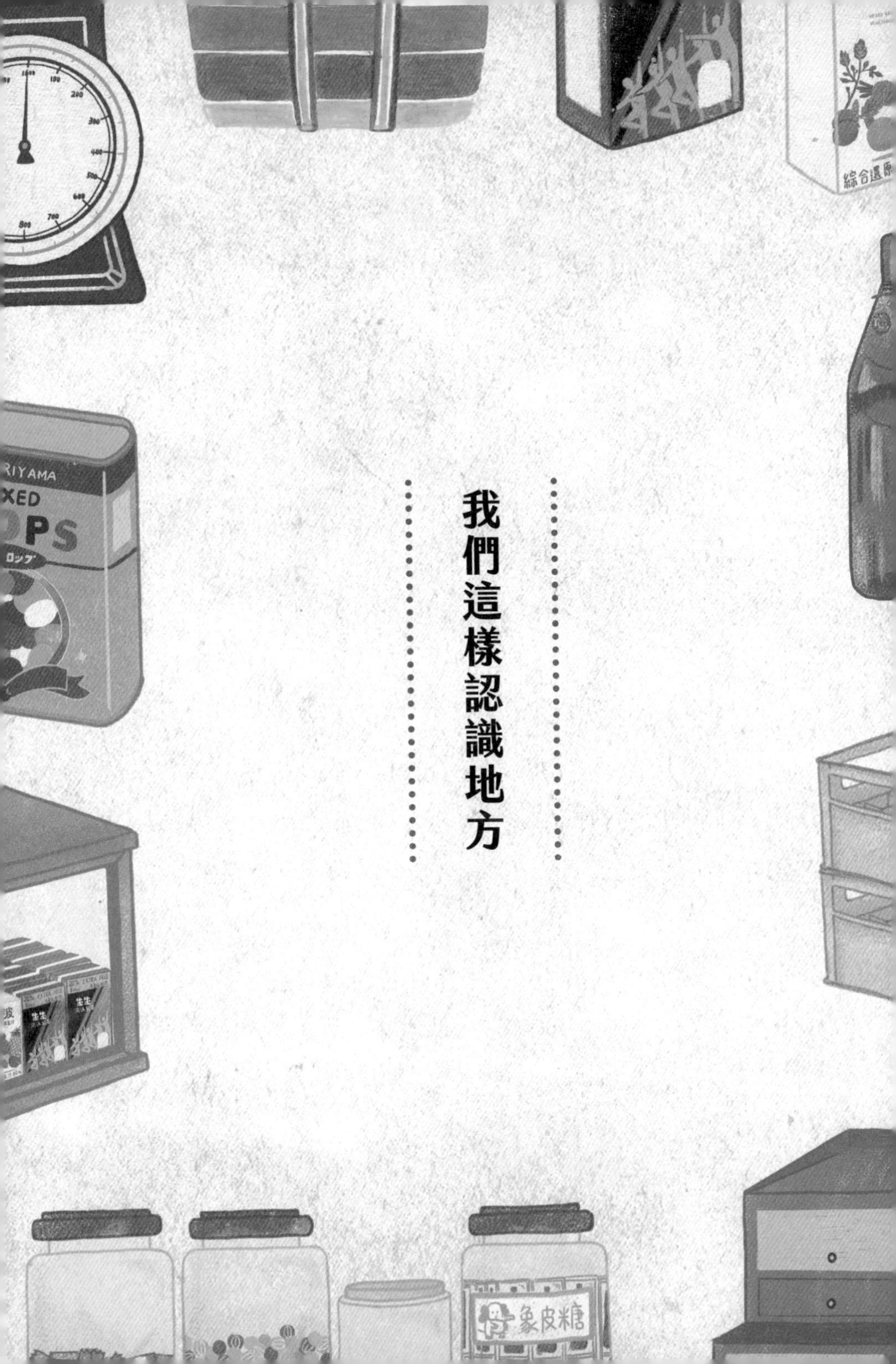

從「敢知」臺南到「𥴊知」臺南

轉型的博物館和社群協作的契機

黃美惠
國立成功大學歷史學系
公眾歷史與博物館研究室
專案企劃

「市民共筆協作」是鄭成功文物館規畫轉型為臺南市立博物館時，重點倡議的行動理念，意圖經由公眾的實際參與，引入各色視野，吸納社群的多元聲音。期待透過市民協作的途徑，一起重新認識地方、建構歷史，並挹注博物館永續經營的動力。

「那麼，認識臺南，該從什麼地方開始？」這是二〇二〇年初，研究室著手協助時，思考的問題之一。

從日常中與地方對話

近百年來社會快速發展，同樣生活於臺南卻不同世代、不同地區的人們各自經歷不同的生命旅程。該如何讓背景迥異的臺南人相互對話？我們以為議題除了富有臺南地方特色，尚須具備普遍性、共通性，才能吸引更多人投入，同時亦思考：「什麼是既能呈現過去與現在的生活文化，還能思考未來？」

腦力激盪之際，許多人曾經熟悉、許多人依然依賴、許多人從未了解的「雜貨店」，似乎是一個可以看見臺南的切入點。

鄭成功文物館，攝於二〇二一年

　　百工百業的誕生源自於人們生活的需求，其型態也因應著社會的轉變調整步伐，或是逐漸衰頹、淡出，終至被取代。在時代洪流裡，身為雜貨零售業資深前輩的雜貨店此時是什麼狀態？解答之前，需先掌握觀看、分析的攻略，而對於貼近日常的生活史範疇所衍生的任何疑問，最直接的解法便是實地走近它，從田野調查中看見、傾聽、感受、了解、對話；這卻也是最不容易的，一則需從理所當然中觀察到蛛絲馬跡，並理出脈絡、歸

納主題，二則在同理同感之際，仍需保有理性客觀的思維去判讀，否則一旦不慎迷失其中，便難用較全面的視角了解常民生活。

於是協作之前，團隊走訪幾間雜貨店，嘗試應證、回答假設與疑問，也發現，面對便利商店、超市、大賣場、美妝店等後起之秀爭相競寵的困境，這些雜貨界大老似乎並未打算退出江湖，超過二百年的資歷養成它適應社會的韌性，一步步跟著時代前進。因著這樣的特質，團隊最終選定「臺南籤仔店專題」作為主題，於二〇二〇年至二〇二一年間，陸續與高中、大學、地方館舍志工及社區大學等在地社群展開協作行動，並將協作成果匯入鄭成功文物館轉型後的第一檔特展中。

一起由「敢知」到簸知

協作計畫由博物館發起，但博物館事務有其專業性，若僅設定議題便邀不同背景的社群夥伴加入，不僅無法激發協作帶來的豐富性，反倒會令人無所適從。由於夥伴的評估、形式的擬定、成果的設計皆環環相扣，因此「臺南簸仔店專題」在企畫階段時便需構思一套有效、完整，且可因應不同社群特質調整的工作方法，讓民眾能更輕易地加入協作的行列。

尋覓協作夥伴時，除了文化推廣、深化等理想性的考量，對於特定社群而言，「互惠共好」更是能開啟協作的關鍵。以臺南簸仔店專題來說，高中師生是協作者中比例最高、成果最豐碩的社群，事實上，也是團隊最先鎖定的協作對象。

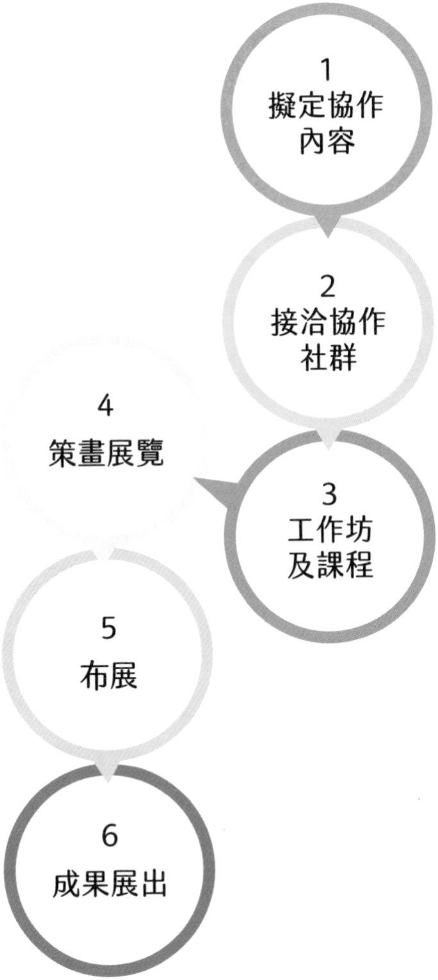

「臺南簸仔店專題」協作行動工作流程圖

一〇八課綱的上路為高中端帶來全新挑戰，除教授部定必修的共同課程，各校需自行開設校定必修、選修課程等與過往迥異的授課內容，教學導向也講究自主性、探究性與實作性，無論是教師或是學生，都無疑是甜蜜的難題。但轉念一想，這個難題其實可以成為學校開展教育方向、教學內容的轉機，也是同樣具有教育功能的博物館得以建立館校合作的契機。於是，在館校雙方皆有與外部資源連結的需求下，團隊聯繫上時任新課綱專案辦公室高中課程督學的蘇瑛慧老師，依著教師互通有無的網絡，尋獲一群對教學有熱誠、對跨界合作有興趣的教師夥伴。

就協作類型來說，高中師生除了對雜貨店與地方學的議題有興趣，同時也具有確切的參與動機。之於學生，可以豐富學習歷程；之於教師，指導學生的同時，也能接觸不同的教育管道，從中獲得教學靈感和尋找跨界合作的可能。是以，協作過程中，團隊除本於促成博物館與當代公眾對話的原則，亦不斷了解協作者的想法和需求，讓各方能於行動中達成互惠共好的效果，如此，才能建立起館舍與地方社群長期合作的關係。

而評估夥伴的性質後，接著為設計適性的協作形式。團隊選擇博物館面對觀眾的重要管道——「展示」作為行動的成果，擬發揮其所能提供的知識性、對話性、批判思考的特色[1]，以協作者的多元眼光與觀眾溝通。在工作方法的設計上，採用博物館處理地方、生活等議題時常使用的田野調查，與市民一同踏查雜貨店，並將觀察到的現象轉譯為微型展示。

1　王嵩山：「展示是博物館直接與觀眾面對的重要管道。觀眾通過展示認識博物館，展示召喚閱讀、誘發論述。」參自王嵩山，《博物館展示的景觀》（臺北：國立臺灣博物館，二〇一一年），頁10。

除了夥伴、形式、成果的評估，主題的架構也需明確且具有發揮的彈性，讓協作者得以於同樣的基礎上起步，並有足夠的空間建構出各自的觀察與想法。行動前，團隊結合文獻資料的爬梳與地方資源的盤點，擬定以「歷史」、「商品」、「銷售」及「社會互動」等四個方向探討雜貨店的產業發展及社會連結：

「歷史」——詢問店史發展、經營者的生命經驗、地方角色等，以瞭解該店的定位與地方的連結。

「商品」——統計商品類型、貨品來源並分析銷售情況，更可延伸全球化貿易、自產自銷、地產地消、消費需求改變等各方面議題的探討。

「銷售」——觀察交易模式、商品陳列、行銷策略等，其變化可反映臺南當代社會的演進歷程，並凸顯雜貨店與時俱進的特色，反轉大眾對傳統行業多半守舊的成見。

「社會互動」——調查客群及各類買賣外的服務，剖析店家於地方上的社會功能。並比較雜貨店與現代便利超商的差異，區分二者的不可取代性。

行動時，除提供相關資料及工作手冊[2]，亦規畫文獻討論、觀點切入、訪談技巧、策展概念、拍攝原則等相應課程，循序漸進的堆砌出專題概念，並藉由分組討論、擬定踏查策略，而後帶領協作者實際踏入雜貨店，用眼睛觀察，用心感受，並從店家訪談中蒐集地方故事。

田野調查講究經驗之餘，也頗看中調查者的人格特質和調查對象的

2 詳見附錄〈買故事的入門手札〉，請掃下圖 QR Code。

簳知臺南

臺南簳仔店專題工作手冊

請掃描QRCode，進入〈買故事的入門手札〉

指導單位｜文化部

主辦單位｜臺南市政府文化局

合辦單位｜國立善化高級中學、國立曾文高級農工職業學校、國立新化高級中學

執行單位｜國立成功大學歷史學系公眾歷史與博物館研究室

狀態，即使是田野老手，都有無功而返的可能，因而團隊依據專題架構擬訂訪談項目及踏查重點，幫助協作者邁出第一步。而後引導協作者根據觀察，分析訪談內容、歸納店家特色，逐步聚焦出各店主題後，再發展到下一步，策畫微型展覽。

觀展和策展，一字之差可有很大的距離。要讓對策展近乎一無所知的協作者第一次策展就上手，除了藉課程提供基本概念，還需有可以讓「腳本方」（協作者）、「策展方」（計畫團隊）、「製作方」（設計師）能順利溝通的「語言」（腳本），於是計畫團隊設計了直觀的腳本格式，讓協作者能以簡單易懂的方式呈現策展想像，並利於團隊與設計師快速理解且溝通製作。最後一步是公開展示，也是行動最重要的目的之一——經由社群協作而產生的公眾對話。

一系列接續的工作方法不單讓來自各方、橫跨少年至老年的協作者，能有穩固便捷的輕舟抵達陌生的彼岸，他們同時也自然而然的添加各自領域的思維於航程中，讓同樣的協作行動被詮釋出多重意義；也因此，協作對於發起者與協作者兩方都是給予和收穫兼具的雙向關係。

館校跨界不僅只是單次的交會

因著館方和計畫團隊皆屬於歷史領域，「臺南籤仔店專題」在行動的引導上偏向歷史學。若放至高中教育來談，經由資料閱讀、整理分析，到運用資料實作、展現的工作方

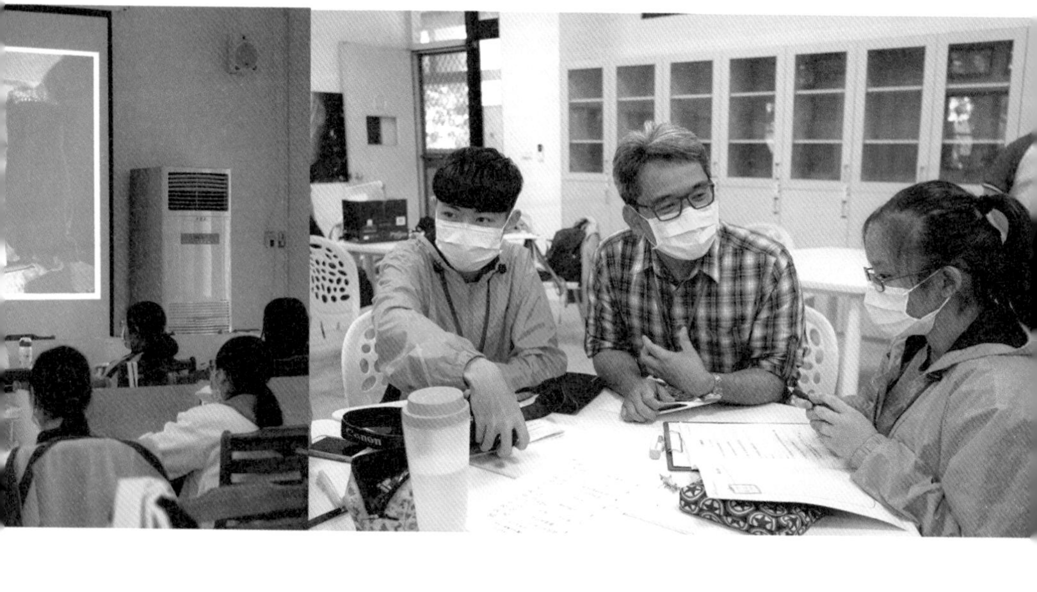

法，與「歷史科探究與實作」的課程內容十分吻合。而訪談雜貨店所探討到的「歷史」、「商品」、「銷售」及「社會互動」議題中，不少除了是歷史科的主題也能與其他學科連結，比如由雜貨店延伸出的家庭關係、性別角色的現象屬於選修課程中「性別與社會」的範疇，商品的出現、消失、行銷等銷售變化所反映出的流行文化和媒體的發展可連結至「科技與社會」，而雜貨店常隨著節慶、祭典等時節販售相應的商品，則符合「文化與生活」的教學內容，以上主題也皆能與地理、公民等學科關注的議題串接。

普通型高級中等學校加深加廣選修課程（以下羅列「臺南簳仔店專題」相關之項目）

課程	主題	項目	條目	主題
族群、性別與國家的歷史	Q.性別與歷史	a.女性與政治		
		b.性別與社會	歷Qb-V-1	傳統社會中的性別角色。
			歷Qb-V-2	婚姻與家庭的變遷。
			歷Qb-V-3	歷史上的宗教與性別。
			歷Qb-V-4	性別平等運動的發展。
科技、環境與藝術的歷史	S.醫療與科技	a.疾病與醫療		
		b.科技與社會	歷Sb-V-1	交通運輸的發展與國家治理。
			歷Sb-V-2	能源利用與生活方式的改變。
			歷Sb-V-3	媒體的發展與社會變遷。

	U. 藝術與文化	a. 藝術與人文		
		b. 文化與生活	歷Ub-V-1	宗教信仰與節慶的意義。
			歷Ub-V-2	戲劇、文學與大眾生活。
			歷Ub-V-3	科技、環境與藝術創作。
探究與實作：歷史學探究	V. 歷史學探究	a. 歷史、史料與史實	歷Va-V-1	為什麼學歷史？
			歷Va-V-2	什麼是史料？
			歷Va-V-3	歷史事實如何建構？
		b. 歷史著作與歷史寫作	歷Vb-V-1	歷史著作選讀。
			歷Vb-V-2	歷史著作分析。
			歷Vb-V-3	如何寫作歷史？
		c. 歷史解釋與反思	歷Vc-V-1	歷史解釋怎麼形成？
			歷Vc-V-2	歷史敘述中的觀點問題。
			歷Vc-V-3	學習歷史的意義。

幸運的是，教師夥伴中有來自地理、國文、美術等的跨科參與，使得以歷史學為基礎的協作行動又得以添入更多面向的觀點。其中地理科教師引導學生應用所學的空間資訊判讀，以地圖分析中地、買賣關係，也帶入產業概念，討論雜貨店的定義，有助學生探索在地生活。此外，訪談項目所提到的自產自銷、地產地消等，也與地理科探究與實作中的「農業生產、食物消費、飲食文化與地理環境」的內容相通。經由跨界合作，館校除認識不曾窺見的天地，也在其中看見彼此相似的景色，並相互吸收著自己缺乏的風光，這樣互惠共好讓成果不限於短暫、有限的單次行動，而是內化為茁壯的養分。

館校在交會中獲得意義，那麼協作的學生和老師呢？從溪北到溪南，由市區至郊區，未滿十八歲的年輕學子們在生活的地方探究不熟悉的地方面貌，教學經驗豐富的教師們跨出專業學科走進任教地區，嘗試教學地方知識。過程中，有人從販賣品項窺見地方的產業遷移，有人從經營型態分析人口變化，有人打破成見、佩服雜貨店屹立不搖的生命力，有人將雜貨店納入購物的選擇之一，有人開始留意生活中未曾注意的事物。

團隊也隨著協作行動跑遍臺南，發現不談美食，不談古蹟，還有一百種談臺南的方式。這個發現也應證「臺南籤仔店專題」只是一個開端，經由培養協作者關照地方的眼光，讓傳統的展示、教育功能與觀眾激盪出更深的共鳴，而市民拆解、共筆生活史的嘗試，也讓博物館地方學從紙上談兵真正走入臺南人的生活之中。

回歸博物館自身，這個開端提供合宜的「館」道供「人」取逕，又隨著越來越多人行走其上，讓「館」道更趨寬闊，突破以往談故事的視角和空間的侷限，那麼我們或許真的可以期待，不久的將來，或該說從此刻起，博物館真的將是串聯地方、體現多元主體的平臺。

行動吧！認識臺南的開始

協作行動欲探問的第一個問題，也是最後一個問題：「對於臺南，雜貨店是什麼？」數百年的歲月流逝也濃縮在臺南各處，同時這座資深城市還有著不停增生的風情與文化，這個行動不單僅為緬懷過去而追逐已漸消逝的城市記憶，而是經由觀看不同時代中臺南人生活軌跡的推移，重新定位地

右／學生實地踏查，在雜貨店中找尋素材
左／協作學生經由小組討論聚焦展示主題

方，定位地方人，而後定位未來。

「認識臺南，該從什麼地方開始？」這是唯有經由協作才能共筆解答的地方知識。

右／學生動手布展，將議題的探究成果經由實作展現
左／二〇二〇年度協作行動成果於鄭成功文物館展出

跨界「實作」，尋獲一〇八課綱的課程意義

蘇瑛慧
國立新豐高級中學
歷史科教師

改變的時代契機

一〇八學年度開始的國民教育課程實施綱要，原本預計一〇七學年度實施，考量各方準備狀況而延至一〇八學年度。教育部為因應時代變化，培育臺灣新世代人才以立足世界，定調十二年國教主軸為自發、互動、共好的三面九項規準，這幾年在教育界是廣為人知的圖像及目標，即使一〇五學年度陸續有學校示範、試作、研發，真正全面實施至今約三年，滾動式修正在各會議各校頻繁上演，有人認為這是沒有準備好硬

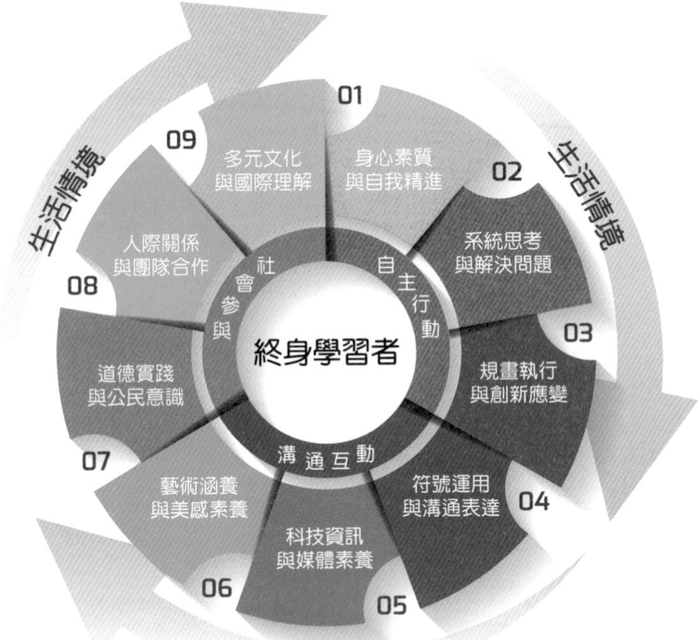

一〇八課綱核心素養的內涵（三面九項）圖

要上路的後遺症，也有人正面看待，認為可以幫助學習走上正軌。

教師以往準備課程，注重知識層面及考試績效，如能系統或整合分析學科知識已可謂是充分準備的稱職老師。但一〇八課綱強調素養，意即融入生活、具備解決問題的能力，教育目標更為強調技能、態度，此部分極難引導，遑論評量檢核，教育現場的夥伴對於課程單元改組，時數減少，以及素養導向的種種壓力，增能及找尋夥伴的需求油然而生。

一〇八課綱下的學校課程，相較以往增加校訂必修、多元選修、探究與實作、自主學習等新名詞，可能需要跨科跨領域研發，也可能要自編教材，造成的焦慮及負擔在各研習工作坊場合，以及親職座談都能深刻體會。臺南教師的優勢在擁有一個互助溫暖的高中跨校社群——時空旅行者，以及一個靈活專業的大學團隊——國立成功大學歷史學系公眾歷史與博物館研究室，這兩年的合作，給了此類課程一個參考模式，如同以往的每個變動時機，只有面對掌握，才能避免被吞沒。

臺南高中與成大歷史很「合拍」

筆者是國立新豐高中的教師，因緣際會借調臺南市教育局擔任高中課程督學，對於教育行政、專案計畫、學校生態有較為寬廣的認識（之前學校行政經歷約莫十一年），更能了解政策的用意以及學校師生現行狀況，並有機會調和其中化為實際行動。課督職務第二年的某天，成大歷史學系黃美惠專案企畫來電說想找高中合作，詢問細節後，我推薦臺南高中輔導團的夥伴參與，強大的夥伴們也就這麼接下這個新挑戰。

僅僅花費三個月時間，二〇二〇年的五月，新營高中莊婉瑩主任、陳鈺昇老師及土城高中汪雪憬老師帶著學生在南紡夢時代一樓登場，發

二〇二二年一月，筆者與歷史科社群夥伴分享雜貨店協作課程教學經驗

協作成果參與「二〇二〇臺南博物館節——博物館逛大街」活動，於臺南南紡夢時代展出

表成果。看著兩校學生介紹新營區、柳營區、後壁區、安南區的雜貨店，講著雜貨店如何是地方的入口。學生閃耀著自信的眼神、流暢的口條、生動的擺設中，我看到且驗證了社會領域探究與實作的另一個可能。

在「臺南簳仔店專題」上，謝仕淵副教授以在地居民角度觀察臺灣社會，從店老闆的生命故事及商店設立背景，對照該地區的產業結構及人文發展，以社會科學步驟（發現問題、文獻研究、訪談分析）及歷史學科本質（歷史理解、歷史詮釋、史料證據）呈現。如在柳營區的雜貨店，用於清潔的紅白塑膠手套多了擠牛乳的功能，呈現酪農業為當地主要產業之一，而常見的拋棄式刮鬍刀則有刮除豬毛的隱藏功用，凸顯居民的生活習慣；靠海的安南區可見蚵給、西瓜綿等醃漬物品，保存先人舊時因生活不易，努力保存食物的傳統。

第二梯次加入的學校——新豐高中、南寧高中、永仁高中，則引領

右／新豐高中學生於校內發表策展內容
左／土城高中學生向觀眾解說土城醃製西瓜綿的飲食習慣
下／永仁、南寧高中學生策展成果

觀展者看到歸仁區的東南亞移工商品、南區商店兼售農漁用具、永康區眷村雜貨店的國旗擺飾。一般人對雜貨店的認識，可能僅有彈珠汽水、蜜餞糖果、沒有開發票等印象而已，因為有成大帶入學術思維，有一〇八課綱解構學校課程的安排，我們即使做地方學也能做出高中該有的深度，更開啟學校與地方場館或學術單位的合作管道。

夥伴的多元驗證型式

許多國中小的彈性課程（相當高中的校訂必修）選擇了地方學，高中課程的參訪及踏查成果應該有更佳的探究角度。在原本的構想中，成大團隊的專題可以在高中社會科探究與實作課程延伸執行，深化地方學的內涵，但夥伴們還另外在自主學習、彈性課程微學習的時段嘗試協作，透過多所學校以不同管道參與，如同建構臺南雜貨店的普查資料庫，學生做出本地的結果，再對照其他地區的內容，等於是加乘學習。

前兩梯次的學校除了歷史學科，亦有地理學科的加入，以空間、氣候、產業因素導入，就不會止於偏信訪談稿或僅以生命史的角度敘寫，而第三梯加入的學校教師成員，增加數學、藝術領域，對於這個專案更添跨域專

多所高中以課程結合假日工作坊進行協作行動

業，從生活情境出發的問題探究，以及藉由實作尋求接地氣的方法，十分符合一〇八課綱強調的素養。

第三梯學校的合作對象有曾文農工、新化高中、善化高中等更鄰近郊區的學校，相較於前兩梯學校探訪的結果，學生在初步報告店家商品時，發現已是大有不同，相信透過此課程，將有助於學生對臺南（臺灣）歷史有更深刻認識，同時對教師授課的能力亦有所提升。

真實且有用的終身學習

在探究與實作課程中，首重探究，可能先探究，再以實作驗證，也可能一邊探究、一邊實作，互為修訂，更可能實作後開始另一個探究起點，有依據地「發現問題」、「整理資料」、「表現成果」是歷史學的本質。踏查地方、訪問人物，學生涉入社會場景，蒐集文獻，透過觀察發現問題，也學著運用學科知識分析資料，讓歷史教學更為真實且有用。

一〇八課綱讓高中教師這幾年如臨大敵，有點慌亂，備課時則如履薄冰，不知教材設計何者為宜，所幸透過學科間的社群互助，以及跨界博物館

教學之前，參與培訓課程、踏查雜貨店的協作教師們

的資源互惠，多少有些如釋重負。轉動三面九項的課綱，意圖培育終身學習者，我想，不僅是要求學生，更要從教師做起。

「探究」地方的入口

如何「探究」地方的入口

汪雪憬
臺南市立土城高級中學
歷史科教師

參與「臺南簸仔店專題」時，筆者很喜歡工作坊的標題——「地方的入口」[3]，這個意象可以說明雜貨店之於地方的重要性。若將此主題置於高中歷史科探究與實作課程的教學脈絡來談，我們怎麼利用雜貨店作為地方的入口這個意象去進行探究？

把雜貨店放在時間和空間的脈絡後，我們採用的探究方法主要有

3 「臺南簸仔店專題」於二〇二〇至二〇二一年進行市民協作時，曾先後以「地方的入口」及「簸知臺南」作為工作坊名稱。

口訪法、觀察法以及文獻分析法，這三種方法的運用是相互交織與互動的過程。舉例來說，在臺南土城的錦源商號，我們發現釣青蛙的簡易釣具，可見以前這個地方可能有大面積池塘或者濕地，但現在幾乎都是水泥地。就會引導學生向自己提問，這裡的環境是否有所改變？過去釣青蛙是一種休閒活動還是經濟活動？而後一面透過「臺灣百年歷史地圖」網站搜尋過去到現在此處地貌的改變，另一面我們也會口訪店主詢問相關問題。

又或者，我們在同樣位於土城的永津號看到地上擺著地瓜，櫃檯桌面有醃漬的蒜頭和紅蔥頭，便會詢問店主：「這些東西的來由？」店主解釋這些東西都是當地的產品，大家可以自行取用或者交換，並非販售的商品。我們於是進一步追問，這個社區的地理環境和在地產業之間的關係，用蒐集文獻和口訪調查方式了解沙崙里的居民主要在曾文溪的

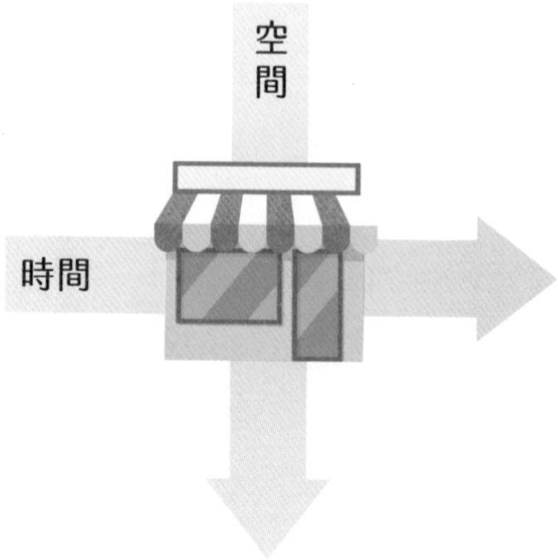
空間
時間

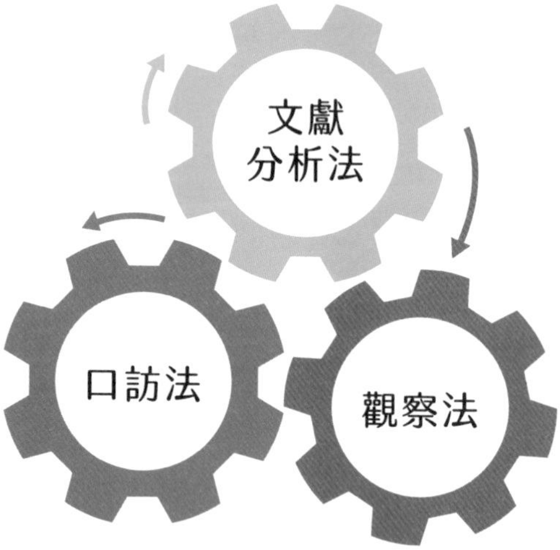
文獻
分析法
口訪法
觀察法

堤岸沙地耕作，受限於河岸沙地的環境條件，能種植的農產品不多，而且土地的肥力很快就會枯竭，所以從之前種植哈密瓜，到現在種植紅蔥頭，能種植的作物會改變。

再如，很多雜貨店都掛有菸酒牌，觀察到這個現象後萌生好奇：這是什麼時候發的販售許可證明？是在什麼樣的脈絡下出現？除了訪問店主，我們也會去找資料進行比對。

綜述之，整個探究的過程，以時間為經，空間為緯，利用文獻分析、口訪和觀察法，了解過去到現在雜貨店在社區扮演角色的變遷及其歷史意義。經由課程引導和訪談觀察，學生將所得的資料一一繕打，整理成文字檔，再扣緊以雜貨店作為地方入口的探究主題，將透過上述研究方法所得關於時間和空間的資料，做進一步的綜合整理與分析。

雜貨店的空間分析		
文獻分析法（地圖）	觀察法	口訪法
於 Google map 上標出雜貨店位置及社區範圍，並於「臺灣百年歷史地圖」網站，用疊圖方式呈現該社區環境的變遷，以及地方地理的特色。也可利用「地名資訊服務網」，透過地名了解該地的空間特色。	▍觀察商品： 項目、商品製造及生產地、商店陳設，哪些東西放在前面，哪些東西放在裡面？有沒有在地特色產品？ ▍觀察顧客： 消費習慣為何？哪些時間會來店消費？他們從事的職業主要是什麼？來雜貨店除了消費之外，有沒有其他無關消費的活動？顧客主要居住在哪裡？ ▍觀察周遭環境： 如雜貨店前面是否有公車站？菸酒牌？提供給顧客的電視？店外是否有擺放板凳或椅子？	針對前述觀察到的現象，利用口訪法能蒐集更多資料，或者進行印證。

雜貨店的時間分析	
文獻分析法	▬運用該地的文史資料。 ▬針對訪談和觀察中發現的問題，再找資料閱讀與分析。
觀察法	▬從物件看時間：各種牌照領證時間和證件代表的意義。留意店內任何可透露訊息、具有歷史性的物品，並詢問用途。 ▬比較分析：和便利商店比較，如商品項目、擺放位置、包裝方式、店主和顧客的應對進退等。
口訪法	▬訪問店主：店主的生命歷程、該店的歷史與變遷（如商品、銷售方式、批貨方式等）、大環境下雜貨店角色的轉變（國家政策、經濟發展、社區人口結構、科技的改變）。 ▬訪談顧客：什麼時候開始在這裡消費？為什麼在這裡消費？從以前到現在，商店有哪些改變？跟超商不同的地方是什麼？

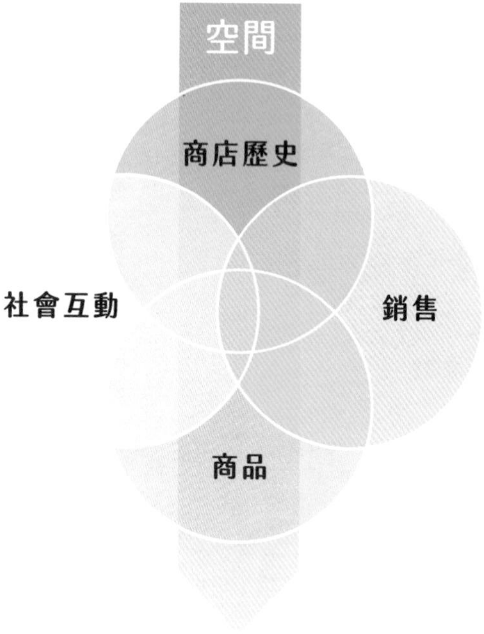

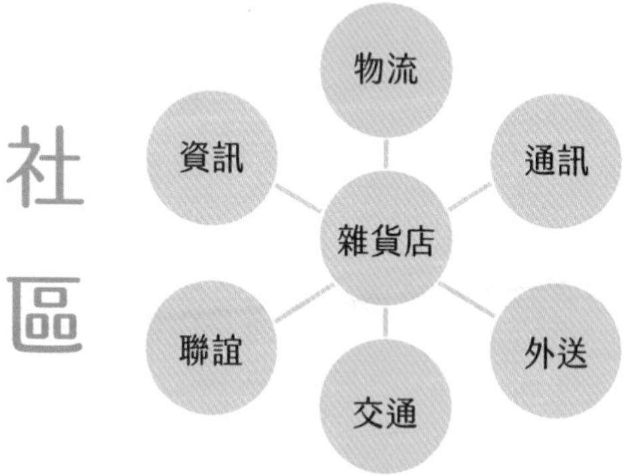

雜貨店以空間作為地方的入口

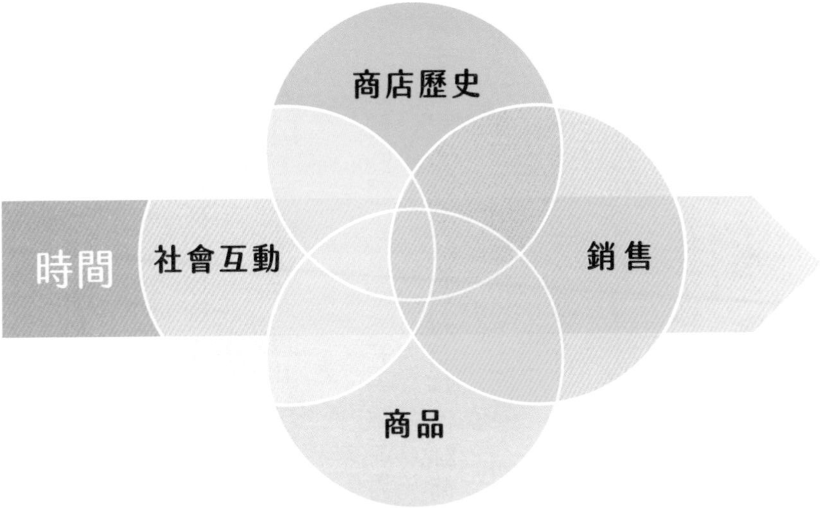

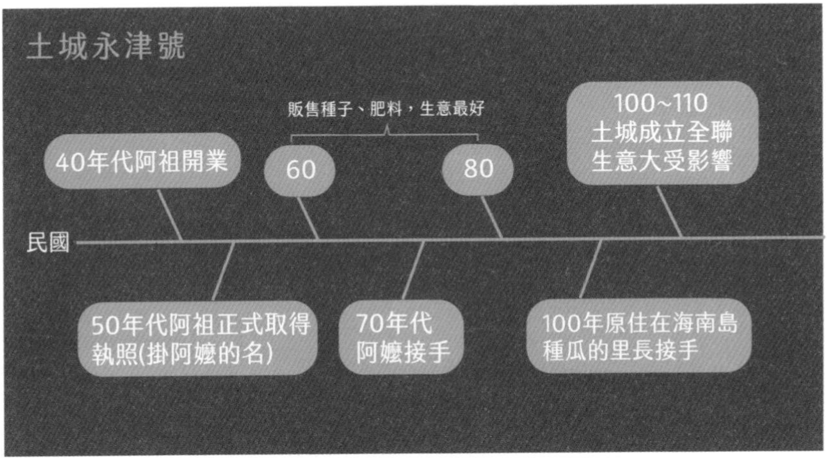

雜貨店以時間作為地方的入口（陳毓茹繪）

「探究」後所發現的地方入口

經過一系列的探究，我們從許多方面看見雜貨店如何成為地方的入口。

入口，可以是外面世界和村子的連接點

試著回想一下四、五十年前村落居民的日常生活，阿桑小心翼翼捧著承載思念的信件投遞至綠色郵筒，或少年仔無視旁人排隊等候、濃情密意地講著公用電話；又或者，阿嬤站在公車站牌後面，牽著孫子的手，頻頻探出頭遙望公車來否。這些情景的地點，很可能就是那個村子裡唯一的雜貨店。即使不講電話，不會搭車，也不會寄信，一到傍晚五點半就聚集在店內等待卡通開播的孩童，晚上七點看著新聞高談闊論的阿伯，這些居民就這麼圍在雜貨店那個方斗櫃的電視，混著八卦同步更新腦中

世界正在發生的大小事和流行趨勢。

入口，也可以是貨物的進出口

雜貨店擺放的商品既在地也很國際。

我們探訪的「永津號」位於臺南土城的沙崙里，沙崙是臺灣本島很西邊的一個里，因為靠海，沒有肥沃的土壤，以務農為主的居民僅能在曾文溪出海口的河岸，種些紅蔥頭、蒜頭、蔥、番薯。到訪時，永津號的櫃檯放了醃漬的蒜頭，地上還有一袋番薯，老闆告訴我們，那些不用錢，都是村民自己種的，需要的人就可以拿。結束

永津號變相成為當地人以物易物的平臺

農忙，大家中午休息時間便至永津號買飲料，坐在外面的藤椅或休息、或交換作物和銷售情報，二〇一九年在身兼里長的老闆穿針引線下，村民跟廠商契作紅蔥頭，大家收入還不錯。當然，雜貨店的產品更多來自外地，一個小小的甜食竟然來自馬來西亞，也有雲林工廠製作的罐頭。世界這麼大，產品這麼多，我們不禁好奇：怎麼決定要進哪些產品？老闆說，現在生意不好，主要依村民的需要進貨。反映出雜貨店的進出貨很顧及當地人的需求，跟連鎖便利商店統一配售商品有所不同。

入口，以店主生命歷程為起點進入「社區歷史」

除了老客戶，年輕一代幾乎不再光顧雜貨店，比起喧囂吵雜的情感交流，他們選擇了罐頭聲音的「歡迎光臨」和整齊明亮的開架式購物環境。我們問：堅持開店的原因是什麼？老闆說是為了母親。「現在媽媽年紀大了，這間店即使生意不好，就這麼開著，讓媽媽白天有事情可以做。」他這麼說。

傳統雜貨店抵不過便利商店的強勢壓境，過去風光不在，走入了地方歷史。店外斗大的菸酒專賣掛牌，見證人來人往、作為社區入口的光榮歲月。對第二代老闆來說，雜貨店就是她生命記憶所繫之處，從青絲到白髮，生養、營生，點點滴滴的故事都印在店裡的每個角落，她的生命與這間雜貨店密不可分地交織在一起。

我們走進店裡，也走入老闆的生命履歷，而她的生命履歷也是社區歷史的一部分。曾經喧嘩的雜貨店，有人來看電視，有人在這裡打電話，有人要買菸、買酒，那是個大家叫得出彼此名字，珍視人與人交流與相互分享的社區，到現在垂垂老矣的二代老闆想守候的不只是個人的生命記憶，還有地方的情感與記憶。三代老闆回來接手雜貨店後，社區居民經常在雜貨店聚集，或烤肉或抬槓。訪談當天，他們熱情邀請我們一起參加他們的烤肉趴，那個情景令筆者覺得彷彿走入某個傳統部落。可見，記錄保存雜貨店，不只是珍重第二代店主的生命記憶，也保存過去社區的價值。

從「探究」中養成歷史思維

試著想一下，如果我們沒有引導前述的探究方法，而讓學生逕自找住家附近的雜貨店進行口訪再整理資料繳交作業，會是什麼樣的結果？跟已經確切知道步驟和方向的學生，會有什麼樣的不同？

在一〇八新課綱核心素養導向[4]琅琅上口的年代，筆者卻想從歷史教育來看雜貨店如何成為探究的主題。回歸歷史教育的「素養」[5]

4 核心素養（core competencies）：是指一組最重要的能力，使個人得以過著成功與負責任的生活；使社會得以面對現在與未來的挑戰。核心素養又稱為「基本能力」或「關鍵能力」。……核心素養不只是狹隘的能力，而是一種能夠成功地回應個人或社會要求的能力，包括使用知識、認知與技能的能力，以及態度、情緒、價值與動機等。參考自國家教育研究院雙語詞彙、學術名詞暨辭書資訊網（網址：https://terms.naer.edu.tw/detail/1453916/）。

5 素養（literacy）：在傳統的定義係指一個人的「讀和寫的能力」。由於現代人與知識互動的方式日趨多元，一個人的讀寫能力無法完全代表其受教狀況與具備的技能，因此“literacy”一詞在現代已被賦予更寬廣的意義。根據聯合國教科文組織的定義，“literacy”是指「識別、理解、解釋、創造、運算及使用不同環境下印刷與書面資料的能力。為涉及個人能夠實現目標、發展知識和潛能，並充分參與社區及廣大社會的連續學習」。由此定義可知，現代對“literacy”的定義已超越個人的讀寫能力，而是著重個人對知識的認知與學習能力。參考自國家教育研究院雙語詞彙、學術名詞暨辭書資訊網（網址：https://terms.naer.edu.tw/detail/1678771/）。

(historical literacy)，Peter Lee曾指出歷史教育的目的在於培養學生的歷史素養，他指出我們需要歷史素養這個概念，提醒自己什麼是歷史教育的核心[6]。什麼是歷史素養？Mathew T. Downey指出：歷史素養也可以用一個人能夠讀寫的傳統意義來定義。歷史素養的目標是使學生能夠批判性地閱讀歷史文本，深思熟慮地寫作，並參與對過去有意義的討論[7]。從眾多學者對歷史素養的定義看來，從傳統歷史知識的傳授，轉向歷史學科特有的研究取徑與運用，強調的是讓學生具備像史家般的讀與寫能力(literacy)。

回扣到以雜貨店作為地方入口所進行的探究，在第一部分有跟大家

6 Peter Lee,"History education and historical literacy," in Ian Davies, Ed., *Debates in History Teaching* (London and New York: Routledge, 2011), pp. 63–72.

7 Matthew T. Downey, Kelly A. Long, *Teaching for Historical Literacy: Building Knowledge in the History Classroom* (London and New York: Routledge,2016), p.8.

介紹如何將雜貨店置入時間和空間脈絡進行探究，第二部分呈現可能會有的探究成果，到此，或許社會科的探究便可以劃下句點，學生至少已經學會如何進行探究、如何提問、如何整理及分析資料。

但是在整個過程中，身為歷史老師，筆者更在意學生有沒有透過雜貨店專題探究活動，學會歷史思維？能否運用歷史研究取徑，深思熟慮地寫個五、六百字的短文。所以，引導探究的過程中，筆者不斷讓學生留意歷史思維中的「變遷」。將雜貨店視作歷史文本，從時間和空間的脈絡，透過爬梳文獻、口訪和觀察資料，以商店歷史、店主生命記憶、產品，和商店與社區的互動去了解雜貨店這幾十年的變與不變，並仔細的一筆一筆做記錄，再統整成一篇如「作為地方入口的雜貨店」的短文，學生不僅是學會了社會科學研究方法，也學會歷史思維。

館校協作的「微學習」

許孟怡
臺南市立南寧高級中學
歷史科教師

決定參與「臺南簸仔店專題」協作行動時，筆者擬將行動內容帶入教學之中，便向學校申請，於一〇九學年度第一學期的高一彈性課程中開設「雜貨店訪查」及「雜貨店策展」兩門、各九周的微課程[8]。除於新生訓練時說明課程內容，也告知需要額外參與成大團隊舉辦的周六工作坊，讓有意願選課的學生自行評估。

課堂前幾周著重於建立雜貨店發展的初步概念，除閱讀文獻資料，也引導學生探討：「在自己過往的生活經驗中，雜貨店是怎樣的存在？」

8 該校高一的微課程採二階段授課，一階段九周，每周二堂課。

而後搜尋學校及住家附近的雜貨店，並評估、詢問店家能否接受訪談。此外，為讓對展示陌生的學生能有較為具象的理解，我們亦利用課程時間到鄭成功文物館觀摩他校擺車策展的實體作品。

課程所搭配的工作坊共利用四個周六進行訪談、策展及布展。此時，校內課程則同步讓學生再進一步思考、討論工作坊內容，並聚焦規

上／筆者與學生一同參與二〇二〇年「籤知臺南」工作坊
下／學生策展前觀摩他校作品

畫最後的策展成品；策展完成後，則引導學生在課程中進行學習反思。

過程中，雖曾一度擔心學生參與的狀況、閩南語的溝通能力、分組競爭的同儕壓力等問題，但看見最後布展時，他們積極地產出作品及解說，才發現實際上學生們比想像的更在乎這次的策展成品。

「看到擺好的攤車和上頭有著我的名字，成就感不斷湧出」、「不管結果如何，在當中付出的努力才是我真正得到的東西」、「阿公對自

上、中／學生走入在地雜貨店訪談店家，嘗試在商品架中找尋地方故事
下／由訪談、策展到導覽，動手做讓學生對學習更有感

家產品懂得非常多，他要知道產品是如何來才會『安心地』陳列在架上」……或許一開始不知道學習目的，但藉由布展的做中學，溝通、團體合作、安靜聽取別人的意見，進而建立脫離舒適圈的成就。陌生的策展挑戰和從雜貨店感受到的熱情、人情味及童年回憶，學生收穫到的不僅是有形的成果、學習歷程，更是無形的自我認可和生活關懷。

以雜貨店主題來說，學生對於家鄉及過往產業有更進一步的認識，能脫離過往知識單一的問題。像是在訪談過程中，學生對於店家分享過往販賣的物品——縫補漁網的魚線工具、消暑的鹽工茶尤為印象深刻，進而感受及了解當地產業的今昔變化。

經由這次的協作經驗，筆者以為在新課綱的高中課程裡，透過與大學、博物館合作開設課程，能讓學生有多元發展的機會。

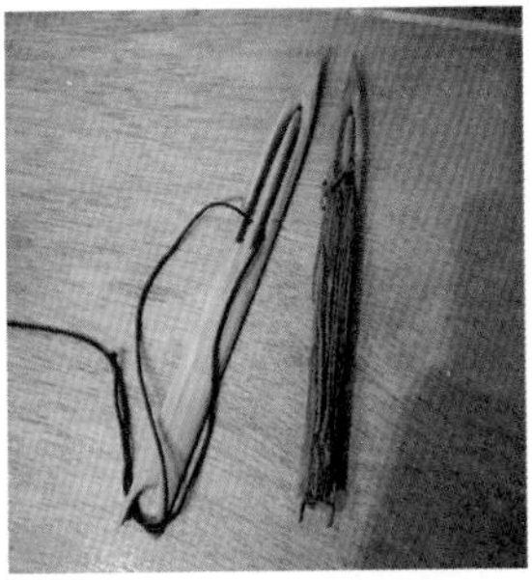

臺南南區以前的居民多從事農、漁業，在雜貨店即可購入縫補漁網的工具

開始認識地方的「自主學習」

林月娥
臺南市立永仁高級中學
歷史科教師

就高中學生而言，「臺南簸仔店專題」協作行動連結生活經驗與所學的知識和技能，相當符合一〇八課綱「自主學習」、「探究實作」的精神。因此，在獲知成大團隊有意與在地高中合作時，筆者便將消息轉知給任教班級。

自願參與的學生本身對專題內容有興趣，更對以攤車策展來呈現學習成果充滿期待。他們嘗試將校外的工作坊規畫進校內的自主學習課程中，順利結合大學、博物館提供的相關資源，像是工作坊所提供的手冊利於學生架構探究的歷程及目標，實地踏查與訪談則有助於觀察生活周邊環境，進而延伸思考關於人與人、人與土地的相互關係，找出屬於自己的答案。

因為想要做得更好，他們自行蒐集資料、與雜貨店老闆多次對話、一同構思攤車內容如何呈現，導覽方式亦經過多次討論及排演。探究成果最後在校內、校外公開發表，帶領大家重新認識地方，是非常難能可貴的學習行動；此外，二〇二一年的臺南課程博覽會，老闆特別撥空到現場聆聽學生的介紹，參觀攤車擺放細節，對學生的用心深表感動。這群十六、七歲的高中生以不曾想過的角度關注地方，透過他們，不僅讓地方人打開新視野，也讓店家認識自己。

在與學生一同踏查、策展的過程中，最大的收穫是有機會跟他們一起從做中學，並思考未來若要引導孩子學習，可以如何搭設鷹架。對學生而言，參與協作的過程像是闖關遊

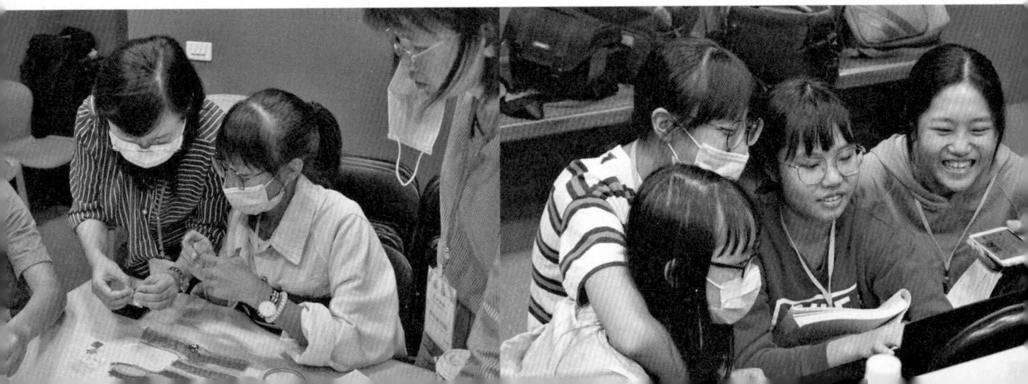

上左、上右／師生一同走入雜貨店「買」故事
下／策展完成，學生於鄭成功文物館介紹自己的作品

戲般，即便面臨各項挑戰，那股想要完成策展的破關欲望，激發著他們的學習動力，其中遭遇的考驗更像是探險，每一次都有新的收穫；而一〇八課綱對高中老師來說，其實也是一個探險的過程，需要夥伴一起協力同行。

此次的協作讓學習情境更貼近真實，也讓我們有更多機會與這塊土地上的人事物互動，汲取更多養分。期盼未來有更多大學、博物館端與高中的協力計畫，經由交流合作，既能擴充各項配備、補給所需能量，更能督促教師一直往前走。

博物館x高中激發的「多元」觀點

陳鈺昇
國立新營高級中學
地理科教師

身為高中教師，筆者參與「臺南籤仔店專題」時，除了對於和大學端接軌，以及與博物館的合作深感興趣，另一大收穫是與歷史學的跨科合作。

從地理學科來說，「地方」是地理學所關心的議題，雜貨店所在的鄉鎮等級與型態不同，商店提供的商品與服務也會有所差異，但若要更深入地了解商店在社區裡所扮演的角色，那其中「店主」及「顧客」顯然就是形塑地方感的核心。這部分則可透過歷史學科重視發展脈絡、人與社會關係的角度，進行實察與訪談，挖掘每個地方、每間雜貨店自己

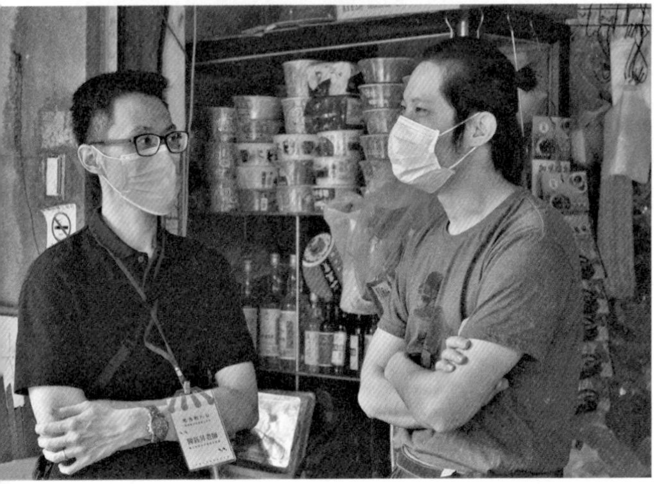

上／筆者與任教學生、成大團隊一同嘗試以跨科的觀點，透過訪談雜貨店書寫地方學
下／筆者訪談校友、振旭商行第三代鄭乃哲先生

的故事。

二〇二〇年，筆者與同科的莊婉瑩老師一同帶領學生參與專題。當時正巧開設多元選修課程，並擔任美術班的地理老師，因此匯集以知識學科與藝術學科雙重思維的學生，用他們的視野將訪談內容轉化為展示品及繪畫。也因此讓平日幾乎沒有交集的兩群學生，在協作行動中溝通合作，交流觀點，用各自的「語言」談談生活的地方。負責轉譯

普通班與美術班的學生交流意見、討論策展

訪談為展示內容的是普通班學生，他們構思展示腳本時，必須將腦海內的想像明確有效地傳達給美術班的學生，而美術班的學生則是第一次體驗到，繪畫不僅是呈現個人美感和技巧的藝術品，也可能成為展覽的美術設計，而這樣具有特定需求的設計必須符合腳本方的策畫方向，且保留個人創作的發揮空間，對過往單純精進畫藝、美術概念的他們來說，是與業界接軌很好的嘗試。

以攤車布展是本次館校合作中明確的教學目標，期待學生在田野調查後，展示出每間雜貨店的特色與故事。確認訪談目標、訪談店家、整理資料、展示設計，這些系統性的流程，對於學生概念化自己的人文調查工作有很好的助益。在課後的回饋中，同學提到：「原來要問到我們想要的問題，是這麼燒腦」、「我們必須隨時將話題拉回主題，這不是聊天！」、「臺語很重要！不會臺語很難溝通」。學生實際從做中學後，看見自己辛苦的成果展現在臺南博物館節，令他們既感動又覺備受肯定。

總結這次協作行動，在地理的層面上緊扣雜貨店與所在社區的人地互動，並透過時間軸梳理每間商店的發展脈絡及人際關係，落實一〇八課綱跨科素養教學的精神。我認為這是

一個很棒的經驗，也是讓學生將能力帶著走的良好示例。

本校學生策展攤車的繪圖出自美術班學生之手

「地歷」・地利・地力

陳宜君
國立新豐高級中學
地理科教師

就高中地理課程來說，「產業」是一大學習主題。課本詳細介紹各級產業的系統、理論與實際案例，但即使如此，在以筆試為成績考核的環境下，學生在學習時很難對產業的內容有更進一步的深化。

很幸運地，二〇二〇年筆者與歷史科蘇瑛慧老師及吳昭彥老師跨科合開的探究與實作課程，有了參與「臺南簸仔店專題」協作行動的機會，讓學生得以從實作的層面去仔細了解第三級產業的傳統零售業。為此，學生也必須去比較何謂傳統與現代，許多課本教授的知識也能在這樣的探究實作中得到印證與發揮。

歷史科的操作，是利用文獻帶領學生找出雜貨店的定義和發展脈絡；而地理的層面，則是用物流方式去劃分傳統與現代的零售業。課程中，學生很擅長記憶與背誦地理知識，但實際讓各組定義雜貨店時，卻沒有任何一組學生提出自地理課習得的物流差異，多數學生依舊是從自我認知、想像中出發，需要老師們再搭配著文獻慢慢引導，令人體悟到，「學以致用」對高中生而言仍是很大的挑戰。

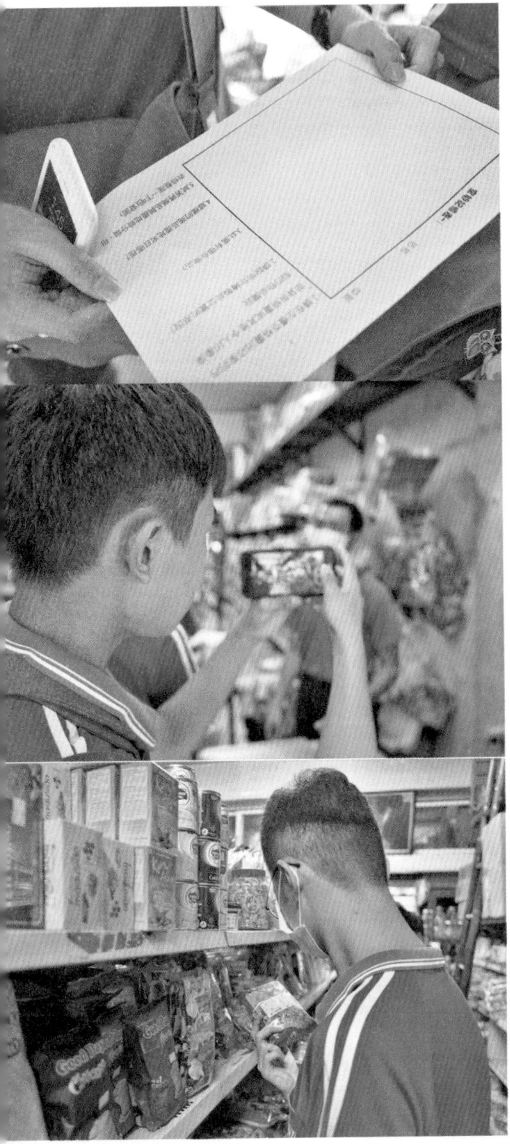

新豐高中學生從東南亞商品中探究雜貨店的轉型

訪談前，學生尚未掌握方向，因此在設計訪問提綱時需特別引導，比如商品進貨方式、主要客群等利於探究、歸納議題的提問。訪談後，他們發現雜貨店是向不同的中盤商進貨，甚至部分規模較大的雜貨店也兼任中盤商的角色，而它們都有囤貨的需求，因此通常隔壁就有一間倉庫。由於進貨來源不同，也形成雜貨店多元的商品種類與陳列，去探尋每樣商品的擺設與進貨原因是非常有趣的過程。相較之下，便利商店都是由物流中心派貨，商品種類一致性高，且幾乎不需要囤貨的倉庫。經過實作，學生不再侷限於課堂、課本，而是將所學融入生活並培養出探究的素養。

新豐高中學生於校內發表會上介紹展示內容

這樣的跨界合作方式，好處是可以提供學生更廣的視野、更大的表現舞臺以及受到他們更高的重視。它不會只被當作一次性的讀書報告、課堂報告，在廣邀校內以及校外人士到場觀看成果展時，學生表現出的積極認真是在課堂中少見的風景。各界的資源可以在教學上整合是非常有效率的做法，無論是博物館的策展、大學的人才引入或高中的知識培育，我們都能夠有一個非常有意義的聚焦點——讓未來的主人翁走出中學教室後，還有一塊更寬廣的世界。

右／受訪的良品商行蔡郭玉系老闆親臨發表會
左／伸泰商店老闆王水連前來觀展，並與筆者師生合影

意想不到的跨界組合！「國」x「術」x「館」

王煜榕
國立新化高級中學
美術科教師

游薏雙
國立新化高級中學
國文科教師

生活從來就是各種聞見與感受的疊加，分科是為了便利教學的結果，跨科合作其實是走回學習的本來樣貌，回到生活的真實。人文藝術領域在新課綱時代的優勢，就是「百搭」——涵容一切議題，能讓抽象的感覺「可見」、培養「感知力」，這正是長久以來容易被忽略的重要能力。就我們任教的國文與美術科而言，二者都是一種表達的形式，因此在跨科學習時，可達到圖文並茂、豐富彼此的理想。

自一〇八學年度起，我們以美術科為核心，串聯國文科以「生活故事博物館」為課程主題，開發一系列跨領域課程。然而若是國文科處理文字內容，美術科負責版面設計，頂多是分工合作，我們更希望以「多面向的表達力」作為學習內涵，而「策展」是在資訊容易取得的當代常見的表達形式。

獲知「臺南籔仔店專題」協作行動時，我們正在進行「生活故事博物館」[9]的選修課程，實

9 「生活故事博物館」一詞來自拾荒流工作室「將歷史街區打造成一座訴說地方生活故事的博物館」的概念。

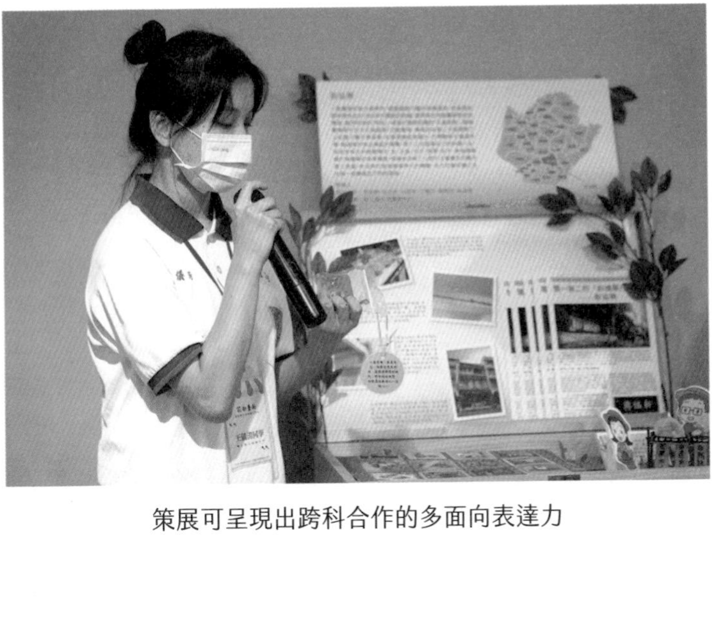

策展可呈現出跨科合作的多面向表達力

際了解後發現兩者概念相似，於是鼓勵學生參與成大團隊的工作坊。身在臺南的學生很幸福，有太多的文化寶藏在身邊，地方故事、大學資源、博物館應有盡有，但要把學生從滿滿的行程表中拉出來真的耗盡氣力，師長、家長還是會對於「沒有標準答案」的學習活動感到焦慮與存疑。所幸幾年來跨領域課程的成果，展現出學生於課程與內在的經驗值都有顯著的成長，或者說刺激他們展現出「無法被分數定義」的能力。

一〇八課綱的學習歷程制度擾亂許多學科老師過去指導學生升學的經驗，容易把「課程成果」等同於「作品」，忽略歷程其實才能夠看出思考的軌跡，而「歷程」其實是可以呈現的。

踏出校門，雜貨店是一個學生尋找地方故事、探索學習的博物館

獨一無二的「斜槓籤仔店」——新協興

歷史是一頁頁人類的生活過往，如果可以選擇一個通道穿越時空，回到那些動人的質樸中，那麼雜貨店一定是很好的入口。在任何事物都蓬勃發展的二十一世紀，街角隨處可見的便利商店逐漸取代了巷弄間的柑仔店，但早期雜貨店卻是鄰里的生活聚落，更是人情往來的聯繫。「新協興」便是這樣走過一甲子的小農柑仔店，棲身在新化的小巷裡，在午後的時光中，靜謐的、不喧鬧的，優雅的展示了一種舊時代的含融。

創「新」不息，「協」力「興」盛家業

1950年代，新化第一家的製餅舖在老老闆郭明得先生的籌備下開張了，當時的新協興時常瀰漫著各種香氣，有烘焙餅乾的、有熬煮麥芽糖的，還有一箱箱的「四秀仔」等著被運往台南各地，它是新化第一間食品製造商兼批發商，許多台南老一輩的人，齒頰間都有過新協興的美味。

第一代時期經營的製餅鋪是當時節慶糕點的主要供貨源，自產自銷外，也引進許多產品批發，成為台南當地雜貨店的中上游，通路遍布新市、善化、關廟、甚至遠至玉井、南化等地，不難想像當時新協興繁忙的光景。三、四十年的歲月悠悠過去，老老闆因年邁而退休，由兒子郭丁山先生和兒媳嚴月貴女士承接下傳承的擔子。年輕的老闆原本經營一間紡織廠，卻因為更大規模的製餅產業興起，舊時代精工細作的手工逐漸跟不上自動化的生產模式，再加上糕餅模具老舊、人力不足，老闆不得不結束三十餘載的製餅生涯，專注於雜貨批發。幸好年輕老闆管理的能力十分突出，批發的生意在第二代的手上更上層樓，甚至還曾拿下「波蜜」的南部總經銷權，可以看出新協興在轉型後，更加佔有舉足輕重的地位。

新化高中學生不只將訪談轉譯成展示，也以小報呈現

協作過程所需要的統整力讓參與策展專題工作坊歷程本身以及習得的經驗，不僅「有材料」製作學習歷程，也「有能力」將歷程做好的呈現。此外，也為高中課程引進外部資源，增加地方互動。當學生走出教室，將自己放在社區、博物館中，有了不同的身分體驗就有不同的角色意識，他更清楚的感覺到自己的價值，思考自己「能做些什麼」、「為別人帶來什麼」；而策展過程中的複雜任務，能讓學生在合作中學習解決問題，也讓學生在過程中，試探自己喜歡什麼領域，擅長扮演何種角色，藉此去定義成功的價值與標準。而大學、博物館的進入，讓這樣的經驗更有機會被實現，對於十六、七歲的學生來說，能夠更有意識的去探索學習。

由展示到導覽，學生成為說故事的人

策展不只是成果展示，而是一場經歷的生發與觸動，完成了空間與心理的奇幻歷程。這樣的複合型能力十分適合跨科合作，然而願景雖理想，執行起來還是需要勇氣與運氣。跨科一定會遇到磨合期，不同領域理解世界的面向不同，處理問題的工具也不同，教師需要做好心理建設，了解以觀課、增能來修正教材教法並不是考核教得好壞，而是幫助優化教學。

以這次經驗而言，我們時而扮演助教角色指導學生，時而從學生的角度切入，以轉換不同的教學視角，同時經由雜貨店這個入口，師生成為轉譯的媒介與通道，再一次的創作與輸出，看見地方也看見人情，讓學習能真正從生活中扎根力行。

經由師生共同參與協作行動，兩位跨科教師在教學中學習

地方podcast，這集談談臺南雜貨店

黃美惠
國立成功大學歷史學系
公眾歷史與博物館研究室
專案企劃

大家平常會去哪裡買日用品呢？是服務包山包海的連鎖便利商店，還是親切的雜貨店？各位聽眾朋友好！歡迎收聽地方podcast！本集很榮幸邀請到幾位來自臺南各高中的同學們來談談參與臺南雜貨店協作行動的一些想法。歡迎幾位同學！

陳毓茹
就讀學校：臺南市立土城高級中學
協作時間：二〇二〇年四至五月
踏查地點：臺南市安南區　永津號

侯鈜文
就讀學校：國立新營高級中學
協作時間：二〇二〇年四至五月
踏查地點：臺南市後壁區　天紀商號

蔡孟如

就讀學校：臺南市立永仁高級中學
協作時間：二〇二〇年十至十一月
踏查地點：臺南市永康區　立強商號

郭哲綸

就讀學校：臺南市立南寧高級中學
協作時間：二〇二〇年十至十一月
踏查地點：臺南市南區　崖發超級市場

張椀迪

就讀學校：國立新豐高級中學
協作時間：二〇二〇年十月至二〇二一年一月
踏查地點：臺南市歸仁區　阿嬤柑仔店

吳愷澄

就讀學校：國立新化高級中學
協作時間：二〇二一年三至四月
踏查地點：臺南市新化區　小農柑仔店

李睿靜

就讀學校：國立善化高級中學
協作時間：二〇二一年三至四月
踏查地點：臺南市善化區　仁安堂

沈嘉順

就讀學校：國立曾文高級農工職業學校
協作時間：二〇二一年三至四月
踏查地點：臺南市麻豆區　合成號

對於這群二〇〇〇年後出生的年輕世代而言，便利商店是購物的主要去處。參與此次行動前，協作者不僅沒有在雜貨店消費的習慣，甚至有部分的人從未踏入雜貨店。直到實地訪談店家，他們得到許多的意想不到的收穫，也看見日日生活卻不曾發現的臺南。

相較一般高中課程，集合文獻解讀、實地踏查、轉譯策展等學習方法的協作協行動顯得極具挑戰。挑戰不單來自對田野調查及策畫展示的陌生，從習以為常的生活看見地方特色是挑戰；培養自主思考的問題意識也是挑戰，面對多重難題之餘還需團隊合作，更是大大的挑戰。選擇迎戰讓他們突破自我，除品嘗從零開始到經驗值滿點的策展甘苦，更逐漸發現原來學習不僅止於課本、不僅限於學校，學習該有更多的「可能」。

這種雜揉著陌生與新奇的經驗，十六、七歲的高中生是怎麼想的呢？來聽聽他們對於此次行動不保留的真心話！

Q：這次行動前，大家去過雜貨店嗎？請分享你們的經驗。

哲綸：原先很少注意雜貨店。

睿靜：我也是！

鈜文：我家旁邊就有一間雜貨店，但以前不覺得有什麼特別的地方。

毓茹：跟大家不太一樣，我家本身就是開雜貨店的，從小就生長在雜貨店中。

Q：經過踏查後，你們會怎麼形容雜貨店？請給它一個Hashtag！

睿靜：#各有特色

哲綸：#與時俱進

毓茹：#滿滿的人情味

鉉文：#在地歷史的收藏家

Q：答案好多元！可以多談談一些觀察到的特別之處嗎？

毓茹：我覺得跟連鎖型的便利商店比起來，雜貨店跟整個社區的連結比較深刻，老闆跟每個來買東西的人都認識，所以交流跟互動會比較多。

鉉文：原本以為雜貨店就是個買賣而已，可是經過這次行動，我發現雜貨店可以問到很多東西，像是店家的變革或是在地的歷史。

睿靜：我發現雜貨店可以不只是雜貨店，也可以異業結合，像是我們這組訪談的店家就有兼營中藥行。

哲綸：近年移民比較多，這次的踏查發現雜貨店進貨多元，還會跟著移民的需求去進貨，我覺得很特別。

Q：從學生的角度來說，這次的協作行動跟學校課程有不同嗎？

嘉順：一定是不一樣的！我們在學校通常是「聽」課，比較少動手「做」。

孟如：學校平常雖然也有討論的課程，但這次的行動不但可以和同學一起討論，也有實作！

愷澄：同意！這次協作行動給了很多實際參與的機會，由我們自己去發掘，而不是被動地看著書本，或者是等待別人告知。

Q：其中體會最多、收穫最多的是什麼呢？

嘉順：我覺得是訪談和實作！因為是以往沒有接觸過的經驗，對我來說是滿困難的一件事。

椀迪：我原本比較喜歡跟著老師安排好的課程去學習，但這次因為擔任組長，不僅需要和同學溝通，也要擔任和老師及雜貨店家溝通的角色，雖然比一般課程更困難，但這次的協作讓我學習到許多溝通的技巧。

孟如：溝通加一！我也覺得跟大家討論可以學到很多，傾聽其他人的想法後會發現自己的想法不一定是最好的，透過討論我們可以找到最好的方案。

Q：對於這種認識地方的方式，大家有什麼想法呢？

鈜文：一開始覺得訪談很簡單，就是問問題而已，真正去做之後才發現很需要技巧，不一定可以一次性得到解答，而是漸進式的從老闆口中聽見在地的故事。

睿靜：讓我有觀念上的一個革新吧！原本接觸過的雜貨店大多是賣民生用品、乾貨，但原來它很多元，打破我舊有的理解。

毓茹：因為家中經營雜貨店的關係，雜貨店的事物在我的生活中很理所當然。但是經歷這次的行動，我發現每間雜貨店都有自己的特色，才知道原來不是所有地方的雜貨店都是這樣，也讓我更珍惜現在的一切。

Q：經歷這次從生活史的角度認識臺南，大家對於「歷史」或是「了解歷史」有啟發嗎？

梡迪：原先以為探究重點是雜貨店本身，訪談過程中，我和組員卻發現店家與當地的連結很深，默默地記錄許多已經消失的地方故事。像是我們訪談的店家沒有特定的地址，當地人和送貨司機都稱「大圳邊」（臺），查詢資料後發現店家旁邊原有一條圳，附近居民以前都依著圳邊生活，搭建許多房子。大家才發現歷史原來就在日常之中，所以我覺得這是一個很特別的課程。

愷澄：由於是自己主動參與，會讓我得到有別以往的啟示。我覺得這次的行動讓人不只是片面的讀著歷史，而是親自創造歷史。

謝謝各位的分享，可以感受到大家參與行動前、參與時、參與後的不同想法。也很開心經過行動，你們學著品味生活，思考學習意義，並重新認識地方。正在收聽的你是不是也十分心動呢？快找一間雜貨店走進去吧！那裡有令人意想不到，但最貼近地方人的故事！感謝本次的收聽，地方 podcast 下集再見！

（註：本集由行動時的訪談轉化而成，並經協作者同意後上架。）

圖片出處

頁42：何彥廷拍攝

頁45右：春香購物商店（臺南市南化區）提供

頁83、頁85：三井商店（臺南市左鎮區）提供

頁98、頁100：立強商號（臺南市永康區）提供

頁107下、頁108：振旭商號（臺南市新營區）提供

頁147：阿嬤柑仔店（臺南市歸仁區）提供

頁153、頁155、頁157：ARCGIS ONLINE

（未標示之圖片為撰文者提供）

>> 曙光：來自極東祕境的手札

馬崗，一個位於三貂角下的神祕漁村，日日迎接著臺灣本島上的第一道曙光。本書作者透過紀實的手法，深入馬崗進行田野調查，提煉成一篇篇小說。這裡有乘風破浪的漁郎、堅毅美麗的海女，絮叨著土地與海洋；鹹甜的海風從馬崗吹來，挾帶海洋的訊息，告訴你馬崗的人、礁、風、雨。打開本書，讓馬崗之子帶領你進入極東的祕境。

>> 港都洋裁師——藏在日治庶民生活與裁縫故事裡的微光

1920 年誕生於旗津的秀紘，因緣際會下赴日學習裁縫，從練習人體測量、設計製圖、剪裁布料，她拾起裁縫剪的巧手便再也沒有放下。在服裝史上變化最劇的 1940 至 1970 年代，秀紘參與了時尚的跨時代演進；戰爭空襲後的困苦日子，堅強的她以針線撐起一個完整的家。讓我們透過秀紘的故事，見證手工洋裁的興衰、港都地區的發展，以及日治時代一個庶民家族的起落。

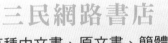

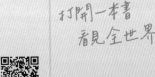

國家圖書館出版品預行編目資料

走！去雜貨店買故事：博物館 x 高中協作的臺南地方學／謝仕淵總策畫.－－初版二刷.－－臺北市：三民，2024
面；　公分.－－（島讀）

ISBN 978-957-14-7537-0（平裝）
1. 人文地理 2. 歷史 3. 臺南市

733.9/127.4　　111015077

島讀

走！去雜貨店買故事——博物館 x 高中協作的臺南地方學

總策畫	謝仕淵
作者	王煜榕　江旻蓉　汪雪憬 吳昭彥　林月娥　洪綉雅 許孟怡　莊婉瑩　陳宜君 陳鈺昇　黃美惠　游蕙雙 蔡佳燕　謝仕淵　蘇瑛慧
企畫編輯	黃美惠
發行人	劉振強
出版者	三民書局股份有限公司
地址	臺北市復興北路 386 號 (復北門市) 臺北市重慶南路一段 61 號 (重南門市)
電話	(02)25006600
網址	三民網路書店 https://www.sanmin.com.tw
出版日期	初版一刷 2023 年 1 月 初版二刷 2024 年 1 月
書籍編號	S670140
ISBN	978-957-14-7537-0

三民書局